丛书编委会

编委会主任：

田慧生

编委会副主任：

刘月霞　李振村

编委（按姓氏笔画排序）：

付宜红　田慧生　朱文君　刘月霞

李振村　李　斌　张国华　陈洪杰

潍坊教育
解密丛书

主编 田慧生

引领百万学生

健康成长

——新中考改革解读

教育部基础教育
课程教材发展中心 编

Reforming
the High School
Entrance Exam
for Students'
Growth

教育科学出版社
·北京·

潍坊教育改革为什么能创造奇迹？

田慧生｜教育部基础教育课程教材发展中心

任何发问都是一种寻求。

——海德格尔

2009 年 10 月，教育部基础教育课程教材发展中心对潍坊市 2.4 万名学生的大样本测评显示：潍坊市中小学生的每日作业量远低于全国常模，居全国领先位次，学习压力水平更是全国最小。

2012 年 10 月，我中心再次在全国开展大样本教育质量检测，潍坊市的成绩同样优异：潍坊市中小学生在学业水平、睡眠时间、作业时间、自信心、学习动机等方面均明显优于全国常模，且多数指标较 2009 年有更好表现，继续呈现"轻负担、高质量"的发展态势。

2012 年到 2014 年，山东省教育厅、山东省统计局联合对山东各地市学生负担情况进行系统调研，综合小学九大方面、中学十大方面的测评结果，潍坊市中小学生连续三年在山东省17个地市中课业负担最轻。

……

这些测评结果虽然是区域教育整体的一个侧面，但窥一斑而知全貌，却也实实在在地反映了潍坊教育改革的成效。

与此同时，潍坊作为国家课程改革的首批实验区，作为教育部基础教育课程教材发展中心指导的第一个实验区，我关注潍坊也有20年之久。这么多年来，许多在其他区域很难推动和落实的教育改革难点问题，潍坊都交出了令人满意的答卷。

校长职级制改革，在全国率先取消校长行政级别，摘掉了校长头上的"官帽"，构建了新型的政校关系，让校长回归按教育规律办学的专业定位，为"教育家办学"提供了制度保障。

中考制度改革，改的是中考，动的却是整个基础教育评价体系。"多次考试、等级评价、综合录取、自主招生"形成了蝴蝶效应，有效破解了学校的分数情结，大大扭转了应试教育倾向，规范办学得到保障，学生综合素质的发展受到了前所未有的重视，素质教育稳步前行。

督导改革，潍坊率先成立督导评估中心，实行督导责任区制度，引入第三方评价，构建了立体督导体系。这不仅改变了教育行政部门"既当运动员又当裁判员"的尴尬局面，更为区域教育注入了专业精神，让各方轻装上阵，将时间、精力和关注点聚焦在规范办学、为师生的发展服务上。

教育惠民服务中心成立，潍坊市教育局主动打破部门条块分割的藩篱，把自己推到公众面前，提供"一站式"服务。这和有的机关部门千方百计回避和搪塞百姓需求形成了鲜明对比！新型的公共教育管理体制在潍坊初步形成，教育行政部门从"管理"向"服务"的转型得以实现。正因此，潍坊人民对教育的满意度，连续六年位列全市各行业第一。

潍坊的教育改革敢为人先，充满创意，形成了"潍坊现象"、"潍坊奇迹"，为全国的教育改革探索做出了突出的贡献！

现象背后，隐藏着实质。

值得追问的是，十多年间，为什么一项项极具创新意义的教育改革都在潍坊发生，且能开出灿烂繁花，结出累累硕果？

第一，是潍坊党政领导的支持、重视。在潍坊，教育一直是党政领导着力打造的城市名片，被置于优先发展的地位。正因此，一份中考改革方案可以上市长办公会；正因此，相关部门能主动放权，积极推动校长职级改革和"管、办、评"分离；正因此，每年的学校督导成绩会被晒在《潍坊日报》上，和党政一把手的政绩考核与升迁直接挂钩……党政领导的支持，给了潍坊教育改革先天的底气和自信。特别值得一提的是，潍坊市教育局在局长的选用上，充分体现了他们的胆识和智慧，体现了对专业的敬畏与尊重。从李希贵到张国华，再到现任局长徐友礼，他们都是教师出身，都对教育充满了热爱，都有强烈的责任感与使命感。难能可贵的是，对于李希贵开创的改革事业，后任者不变道、不拐弯，持之以恒，久久为功，而这些对教育事业而言，恰恰是极为宝贵的！

第二，潍坊形成了教育家办学的氛围，形成了教育家群体。潍坊的教育改革形成了良性循环：改革推动了教育家办学，推动了教育家群体的形成；教育家群体的形成又进一步强化了教育家办学，推动着潍坊教育改革持续创新、保持卓越。这里有昌乐二中、诸城一中、高密一中、广文中学、龙源学校、奎聚小学等课改名校。这里走出了李希贵、潘永庆、崔秀梅、赵丰平、赵桂霞、于美霞、姜言邦、韩兴娥、吕映红、李虹霞等教育大家和全国名师。

第三，注重改革策略，全局推动，综合突破。教育改革是一项系统工程，必须突破常规思维和策略，进行系统性的考虑。在这方面，潍坊教育人动足了脑筋。摘了校长的"官帽"，还要以校长遴选制度、任职制度、薪酬制度等来保证效果；改变"分分计较"的中考格局，以综合素质考评、特长录取、校长推荐等来优化人才选拔……教育也是社会、家庭共同关注的事情，潍坊教育局在改革推进的过程中始终注意公众的教育知情权，畅通沟通渠道、透明改革过程，从而将可能反对改革的社会力量化成监督的力量、支持的力量。像中考改革这样触动千家万户利益的事情，潍坊百姓却心悦诚服，这不得不说是个奇迹。

第四，注重发挥制度的力量。"改到深处是制度"，这是潍坊教育人经常说的一句话，也是对潍坊教育改革经验的经典总结。改革意味着利益格局的调整，教育改革常常意味着教育行政部门放弃自己的权力和利益。潍坊市教育局正是通过制度建设，避免了因新的利益博弈而可能带来的改革退步，从而让新制度保障新举措，新举措成为新常态，让新常态保证潍坊教育在新的水平上高质量运行。潍坊教育改革，还注意发挥制度的合力，不仅一项教育改革内部通过制度建设来达成改革目标，不同教育改革之间，也形成了相互支持、相互配合的态势。比如校长职级制、教育督导、中考改革共同保证了素质教育能落到实处。这再一次体现了潍坊教育改革的整体、综合思维和开拓、创新精神。

长风破浪会有时，直挂云帆济沧海！潍坊的教育改革很好地体现了《国家中长期教育改革和发展规划纲要（2010—2020 年）》提出的理念和路径，为全国有志于教育改革和创新的教育行政领导、教育工作者指明了工作的思路和方向，也为区域整体推进教育改革的探索提供了典型案例，值得我们学习和借鉴。

潍坊教育的百花园里已花开朵朵，草木葱茏。希望潍坊教育改革的春风能吹遍大江南北，染绿教育的山川丛林，唤醒一个百花盛开的教育春天！

是为序。

目　录

如何告别『一考定终身』

考试压力骤减，潍坊的孩子们满面笑容

学生们正在跳校园华尔兹

2013 年 7 月 13 日，对于潍坊新华中学的孙基栩来说，绝对是快乐而又激动的一天。因为这一天，他收到了潍坊七中的录取通知书，而按照他平常的考试成绩等级，他是没有希望升入高中的。

但是，孙基栩从小就酷爱网络技术，曾为多家网站进行 Web 安全监测，为百度、腾讯、联想、hao123 等大型网站提出安全建议，他还与他人联合开发了一款 Web 安全监测工具。

正因为孙基栩的这份特殊才能，2013 年中考，新华中学付霆校长暗下决心，要动用他的"推荐权"，为这位学生谋升学之路。最终，潍坊七中以"推荐录取"的方式，录取了孙基栩。

潍坊的中考改革，因为有了对特殊学生的特殊关照，一批类似孙基栩的学生才有了升学的可能，他们的特殊才能得到了进一步发展，获得了再次走向成功的机会。这一制度设计，不仅是潍坊中考的重大变革，更是关乎一个人命运的重要举措，其意义已经远超制度改革本身。从本质上来说，潍坊中考改革的这一举措是对人性的关怀和解放！

潍坊中考改革，从一开始就着眼于学生素质和能力的全面发展！

潍坊中考改革，从一开始就树立了一种以人为本的制度性姿态！

潍坊中考改革，从一开始就以其磅礴大气在全国确立了改革"领头羊"的形象！

1 | 传统中考之弊

传统的中考，基本上就是一次大型的考试，语、数、英、思品、史、地、理、化、生，每个学科一份试卷，各科成绩加起来，排名次，根据招生计划从高到低录取……

在义务教育特别是初中教育段，中考被形象地称为"指挥棒"。因其"一考定终身"，学校、老师、家长和学生，都以中考为核心各自忙碌不停，然而呈现的是同一种状态：筋疲力尽。

在不少学校，我们都会看到这样一种景象：课桌上堆积如山的教科书和各类教辅资料，"山"的背后，是一张张面容憔悴、无精打采的小脸。每天早晨，学生要"闻鸡起舞"；一天的疲惫之后，回到家或宿舍，还要抓住临睡前的最后一点时间，背上几个单词或者演算一两道数学题。

老师也承受着同样的煎熬。每天，他们要陪着学生早起晚睡，要违心地给学生布置繁重的作业。成绩不理想，来自家长的埋怨、学校领导的压力、社会的误解，让他们在精神上承受了极大的压力。长此以往，无论身体还是精神，都处于亚健康状态。

同事之间的竞争、学校之间的竞争，让老师和学生苦不堪言。大家比着搞"题海战术""魔鬼教法"，对学生"死捶""硬砸"。为了保证习题的训练时间，体育课取消了，音乐课取消了，美术课取消了，甚至连国家规定的课间操和眼保健操也取消了。

这都是传统中考惹的祸！现行的中考制度，实质上是"一考定终身"，同素质教育

传统中考，分数决定一切

传统中考，孩子不堪重负

> 历经十余年的发展，中考改革的"潍坊模式"日渐成熟，并得到了国内众多教育专家的肯定和潍坊市广大人民群众的拥护。

的要求、同社会发展的要求很不适应。

"钱学森之问"让中国教育界的有识之士常常反躬自省：新中国成立至今，为什么我们培养不出大师级的人物？在中考这里，我们也许可以找到些许蛛丝马迹。

中考制度中体现的"唯分数论"让考试变了味——

中考，在新课程改革推进过程中，无疑成了众矢之的，改革势在必行——不是简单的修修补补，而是彻底的改革。

潍坊市早在 2003 年就未雨绸缪，为首先进入课程改革的高密市 2004 年中考进行筹划，确定了基本的改革路线图。历经十余年的发展，中考改革的"潍坊模式"日渐成熟，并得到了国内众多教育专家的肯定和潍坊市广大人民群众的拥护。

孩子只有学习的时间

传统中考，异化了学习和办学的初衷

- 智育成了学校教育的唯一目标，德育、体育被置于从属地位，甚至被无视，综合素质的培养普遍缺乏；

- 过度学习、强化训练成为教学的主要方式，学生负担重，身心发展受到影响；

- 教学内容过度强调学科知识，抑制了学生的个性成长和全面发展，扼杀了学生的创造力；

- 许多所谓的"差生"升学无门，厌学或中途辍学，上升通道被堵，教育公平受损……

2 | 中考的"潍坊模式"

说起潍坊中考，就不能不说说李希贵。

现任北京十一学校校长的李希贵，在潍坊所辖高密市先后担任过四中校长、一中校长、教育局局长。2002年，他从首批国家级课改实验区高密市调任潍坊市教育局局长，时值国家新一轮课程改革正从实验走向普及。面对课程改革中面临的诸如教师"穿新鞋走老路"、学校普遍感觉课改理念很好但难以推行等诸多问题，他作为潍坊教育的主政人，就在思考如何担负起推进地域课程改革、全面落实素质教育的历史使命，把准了处于评价环节核心的中考之脉，揭开了潍坊历时十余年而不息的中考改革大幕。

潍坊教育改革的探索者　李希贵

说起潍坊中考，也不能不说说张国华。

现任教育部基础教育课程教材发展中心办公室主任的张国华，是李希贵之后潍坊教育的掌门人。

他作为李希贵的继任者，沿着潍坊教育改革的大道不断探索、深化，确保了潍坊教育沿着一条正确的大道持续发展下去，中考改革也一如既往不断发展、完善。

整体来看，潍坊中考改革大致可以概

潍坊教育改革的探索者　张国华

括为"24字方针",即多次考试,等级表达;综合评价,多元录取;学校自主,社会监督。

潍坊的中考改革也是一个系统性工程,主要包括考试内容、考试制度、综合评价、招生录取制度四个方面的改革。

让我们从局部入手,一一解读潍坊中考模式中的关键词。

潍坊中考改革若干年后,《国家中长期教育改革和发展规划纲要(2010—2020年)》颁布。当潍坊人读到要坚持"学校依法自主招生,学生多次选择,逐步形成分类考试、综合评价、多元录取的考试招生制度"时,他们笑了,笑得很欣慰,因为这段代表国家意志的话语,已经印证了这些年来他们努力的方向是正确的。

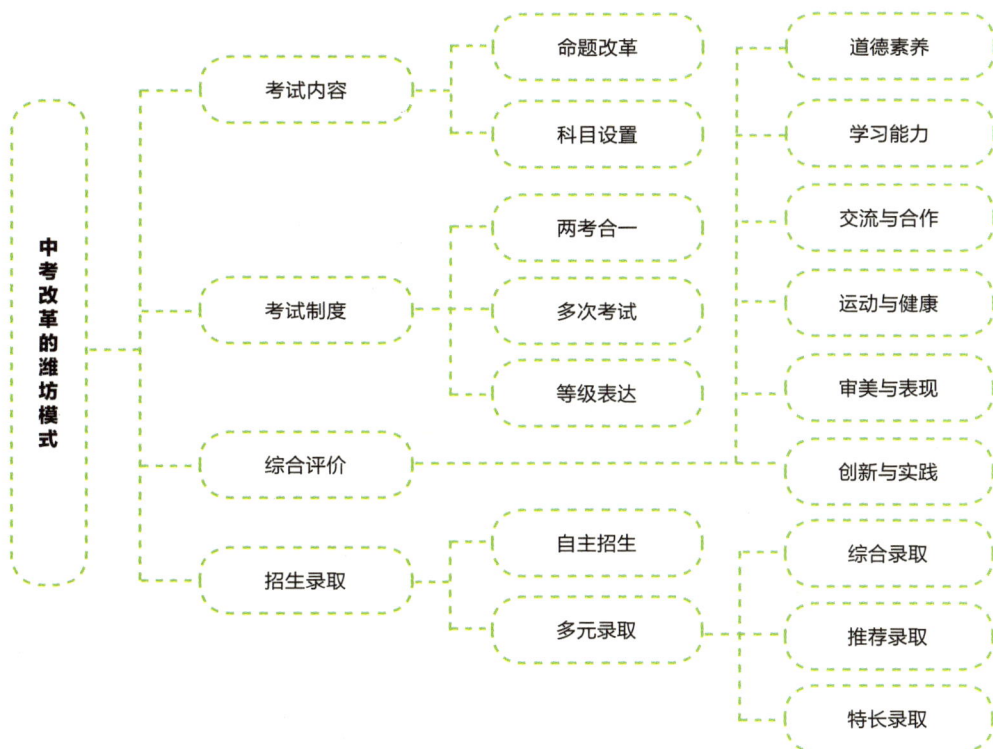

潍坊中考改革的整体格局

中考改革的潍坊模式
- 考试内容
  - 命题改革
  - 科目设置
    - 道德素养
    - 学习能力
    - 交流与合作
- 考试制度
  - 两考合一
  - 多次考试
  - 等级表达
    - 运动与健康
    - 审美与表现
- 综合评价
  - 创新与实践
- 招生录取
  - 自主招生
  - 多元录取
    - 综合录取
    - 推荐录取
    - 特长录取

命题改革

新课程标准提出了知识与技能、过程与方法、情感态度与价值观三个维度的课程目标，这与传统的"教学大纲"相比是一个革命性的改变。

因此，潍坊市首先在命题上按照新课程标准"三维目标"的要求推进命题改革，让习惯于"考什么就教什么"的教师回归到课程标准的学习和落实上去，努力在课堂教学中引领学生进行探究性学习，提高学生自主学习的主动性和积极性，努力让课堂生态更接近于学生生活和生命发展的规律。这一改革，更重要的是要体现中考对日常教育教学的引领。

科目设置

传统的中考科目是语文、数学、英语、物理、化学、生物、思想品德、历史、地理等文化学科，因为这些学科知识性强，容易命题。而音、体、美等学科因为实践性强，无法通过纸笔测验完成考试评价，因而被排除在中考科目之外。这就导致许多学校受中考成绩、名次等功利性追求的影响而将课程打折，甚至是"挂着羊头卖狗肉"，课程表上赫然在列，实际上被其他文化课占领。考什么学科，学校就开什么课程，似乎成了大多数中小学的惯例。

潍坊的中考改革敏锐地认识到了这一点，他们每年的"中考改革方案"均会对当年的考试科目、考查科目进行公布，试图通过考试科目设置和考试方式方法的不断完善，引领学校开足、开全课程。

两考合一

学生初中毕业前后，一般会有两个大型考试让学生们疲于应付，一是毕业考试即学业水平考试，二是高中招生考试即中考。2003年，潍坊市就将初中学业水平考试和高中学校招生考试合二为一，实行全市统一命题，初中学业水平考试既是初中学生毕业考试，又是高中招生考试。

两考合一，是潍坊市在考试制度方面做出的一项重大改革。在考试上大胆做减法，有效地解决了学生重复应试的问题，减轻了学生的心理压力和应试负担。

多次考试

　　传统的中考，学生初中三年的学习结束后，进行一次性初中毕业（高中升学）考试，所谓"一考定终身"。而潍坊的新中考，在"两考合一"的基础上，创新性地推出"多次考试"制度。对中考科目，学生可以自主选择一次、两次或三次考试。学生学完一门课，就可以自主选择参加一次考试，考试的成绩记入档案，作为高中录取的依据。如果某门课考得不理想，可以申请重考，并选择最好的一次成绩记入档案，作为毕业或升学的依据。对于学习好、提前完成课程学习目标的学生，可以申请提前参加中考科目的考试。"一次失败不要紧，机会还有！"

　　多次考试制度，表面看似乎是"做加法"，实质上是给少数有失败感的学生提供了"翻身"的机会，是给学生成功的机会做了加法。这一制度设计有效降低了中考带给学生的过度焦虑，更容易考查出学生的真实水平，减少了学生发挥失常、遗憾终身的偶然性。

等级表达

　　中考招生，考试分数、考生名次和录取计划一一对应，因而，学生的分数和名次是家长和学生最为关注的，也往往会导致学生陷入反复训练、无限拔高等所谓的"备考战术"中。

　　潍坊新中考取消分数制，改用A、B、C、D、E五个等级进行表达，"总分"和"名次"退出中考，学生从"分分必争"的极端追求中解放出来。

综合评价

　　有些必备的素质，在文化课的笔试中是无法检测出来的。而传统的中考，考的恰恰就是文化课。潍坊新中考全面实施综合素质评价，从道德素养、学习能力、交流与合作、运动与健康、审美与表现、创新与实践等六个维度全面评价学生，并将评价结果的等级与语文、数学、英语等值纳入中考招生录取。这一评价过程通过家长和社会的参与、监督，确保了过程的公正、公平和结果的科学、准确、可用。同时，这一改革引起了学校、家庭和社会对学生综合素质的重视，深化了社会各界对全面实施素质教育的理解。

自主招生

潍坊的新中考，市教育局把招生权力下放到了各普通高中学校，学生自主报名选择学校，高中学校根据特色化发展需要，自行制订招生方案，确定录取标准，实行综合录取、推荐录取和特长录取等多元录取方式。

权力下放后，教育主管部门通过审核、备案等措施，对高中学校的招生实行全程监督、指导。每一个涉及学生切身利益的环节，都层层进行公示，公开接受监督，实行阳光操作。教育行政部门既避免了"既当运动员又当裁判员"的尴尬，又保证了公权力的规范运作，能真正激活改革的活力。

多元录取

潍坊高中招生录取由单一分数划线录取变为三种方式结合的多元录取。一是综合录取，主要根据各考试科目学业水平考试等级和综合素质等级，分为三个组合来录取，这是最主要的录取方式。二是推荐录取，针对综合素质特别优秀或在某一学科或某一方面具有特殊才能的学生，通过个人申请、初中校长和教师实名推荐、高中学校确定名单、公示备案等四个环节完成录取。三是特长录取，主要是指对报考音乐、美术、体育特长的考生进行录取的方式，主要依据考生的学业水平考试等级、综合素质等级和专业特长测试等级进行录取。

潍坊中考新政的深度解读

老科学家潘习哲给学生做报告

老科学家张继民给学生做报告

孩子们纷纷请科学家签名

科普大篷车进校园，师生笑开颜

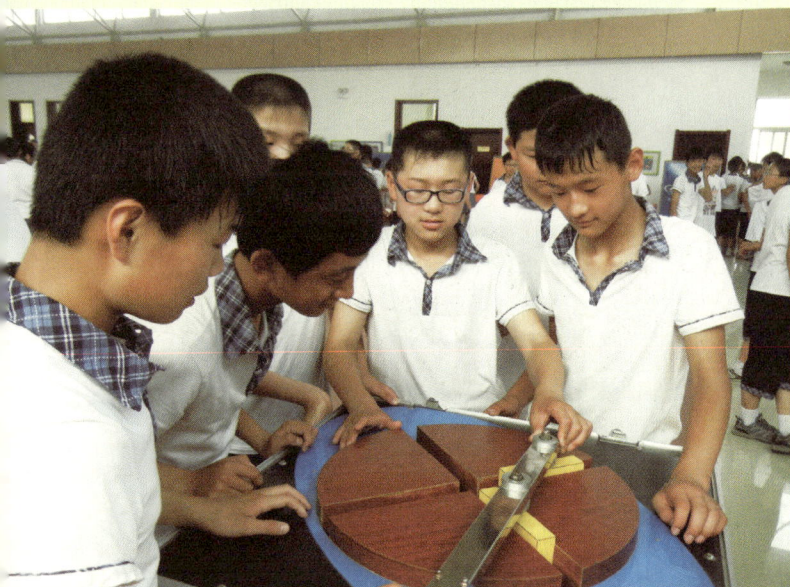

走进科普馆，动手做实验

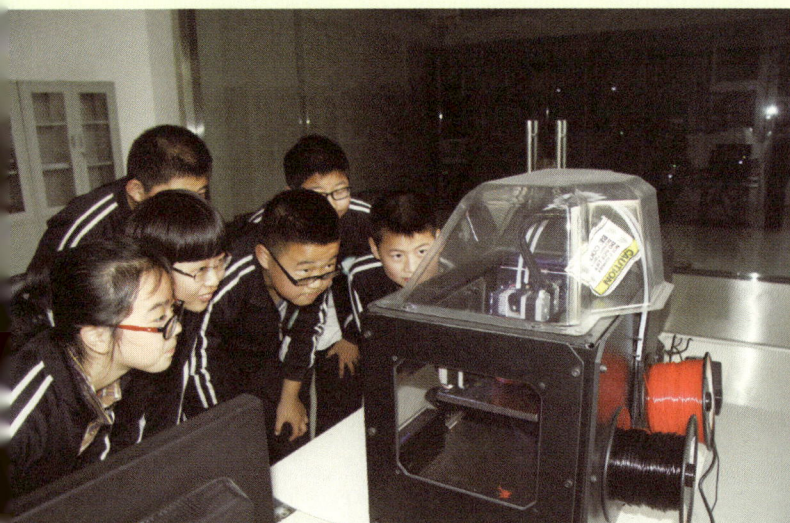

3D 打印真神奇

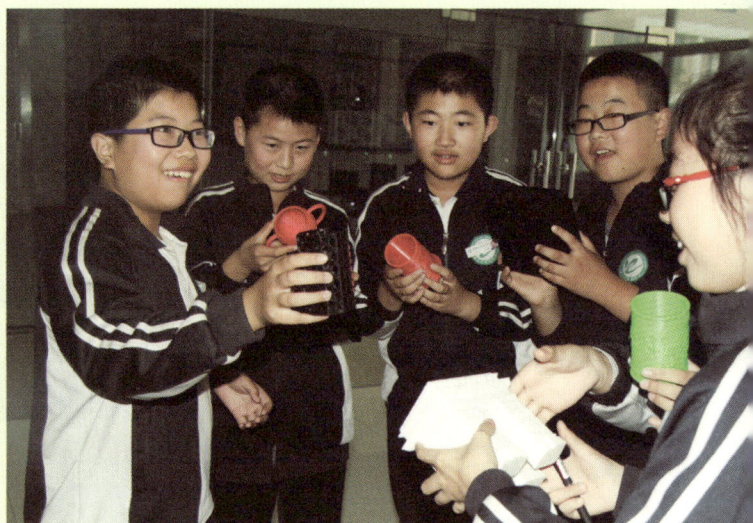

潍坊学子参加头脑奥林匹克创新大赛

昌乐外国语学校学生自修室

　　"始生之物，其形必丑"，而潍坊的中考改革却一路走到今天，成为全国中考的范本。

　　这无疑是潍坊教育人直面改革难题，遵循教育规律，尊重老百姓的呼声，在顶层设计主旨不变的前提下，双向互动，动态调整，一步步地发展完善起来的。

　　潍坊的中考改革已经形成了完善的制度设计，有成熟的一套模式和系统的做法，并且制度和模式之间互为补充，互为保障，真正让中考改革的一系列做法落到了实处。而这一发展的过程，无不体现出潍坊教育人勇于探索的精神和扎实稳健的工作态度。

　　现在，让我们潜入中考改革的深处，一探潍坊中考新政的奥秘。

1 | 命题改革、科目设置：破解 "考什么教什么"

在课堂中落实素质教育的要求是新课程改革的重要目标，但中考考什么，教师就教什么。不改革中考的考试内容和命题考查的方向，素质教育理想就会在课堂教学中落空。

开足、开全课程，全面推进素质教育，让孩子全面发展，应是学校教育应有之义。然而，长期以来却成为教育行政部门管理中的一个难题。

为什么？除了校长的办学理念和对教育的专业思考方面的欠缺之外，还有一个重要的现实原因就是来自中考的竞争，让学校很多时候更愿意放弃教育理想而迎合现实需要。理想是丰满的，现实是骨感的，在现实面前，追求理想往往不如迎合现实更被认可。

如何改变这一局面？作为中考改革的一个重要组成部分，潍坊首先对考试内容进行改革，不再单纯考死知识，不再单纯考文化学科，让教育理念首先和考试内容接轨。

潍坊的考试内容改革，大致包括以下两大部分：

一是命题改革，让考试题目从单纯的知识考查逐渐转变到对能力、素质养成的考

评价决定行为

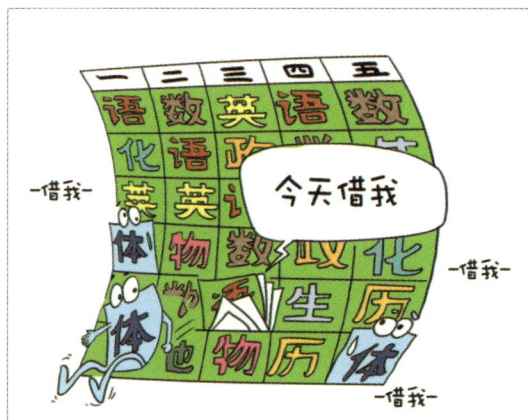

体育课被边缘化了

潍坊中考命题内容的变化，来源于潍坊中考指导思想的变化。

体育课、体育活动本来是学生健康的重要保障之一，却在现实中经常被易位，改上其他考试学科。中考考什么学科，学校就重视什么学科，诸如音、体、美等学科因不在中考考试范围内，往往被学校人为取消或少开，使全面落实国家课程、地方课程和学校课程的规定落空。

查，引导课堂教学改革从知识传授向能力、素质培养转变，还原课堂应有的生态。

二是考试科目变革，将原来不被重视、难以用纸笔考试方式进行评价的学科纳入中考考试范围，引导学校重新审视课程开设问题，开足、开全课程。

■ 命题改革

试题案例

这是潍坊 2013 年中考思想品德学科的一道试题。从这道材料题中，我们或许能一窥潍坊中考在考试内容上的华丽转身。

该题共设置了三个问题。

第一问是典型的开放题的考法，目的在于考查学生"对理想目标的认识"。

第二问涉及思想层面，重在考查学生是否会运用思品学科的思想思考问题，以考查学生的综合素养。

第三问是典型的对方法层面的考查，涉及方法及适用的典型问题情境，以考查学生对"理想目标如何实现，自己应从哪些方面做起"的思考，对学生融合或整合知识与方法的能力以及解决问题的能力都提出了较高的要求。

三个问题的共同点就是都没有固定的统一的答案，题型都是开放性的，特别是第三问将责任感、个人的梦想实现与中国梦的实现等知识整合在一起，需要学生立足自身实际，综合阐发，对学生的要求很高。

这道材料题，即使学生把书本背得滚瓜烂熟，也不一定能拿到好成绩，因为它考查的不是书本的标准答案，而是让学生谈自己看法。只要学生的答案合情合理，分析严密，论证清楚，就可以得高分。

从潍坊这道中考思想品德试题来看，潍坊的中考试题考查的重点已经发生了深刻变化，注重考查学生在学习知识基础上能

链接

潍坊 2013 年的中考思想品德试题

搞好人生规划，共筑中国梦想

2012 年 11 月 29 日，习近平参观《复兴之路》展览时指出，每个人都有理想和追求，都有自己的梦想。我以为，实现中华民族伟大复兴，就是中华民族自古以来最伟大的梦想。某校"梦想"社团组织了一次以"中国梦·我的梦"为主题的论坛。

01 畅谈梦想

"梦有多大，舞台就有多大。"在活动中，"梦想"社团设计了"畅谈我的梦"环节。

假如你是其中一员，请说出你的梦想，并简要说明其可行性。 **4分**

02 观点碰撞

论坛围绕"中国梦"与"我的梦"的关系，进行了充分讨论。小健认为"中国梦"离自己的生活太遥远，"我的梦"却是实实在在的，最重要的是实现好"我的梦"；而小波则认为在"中国梦"面前，"我的梦"无足轻重，应该全力以赴实现"中国梦"。

请你结合所学知识，任选其中一位同学的观点进行辨析。 **6分**

03 筑梦行动

让梦想成为现实，用行动筑就梦想。面临人生道路新的选择，完成初中学业的你，为更好地成就"我的梦"，筑就"中国梦"，需要积极行动起来。

请运用所学知识，说一说你应该从哪些方面做好充分准备。 **8分**

不能引发自己的思考，能不能解决实际问题。试题的命制已经走出纯粹的知识立意而转向能力素质立意。

这道试题充分体现和表明了潍坊中考命题改革的思路和方向。

在潍坊的中考试卷中，诸如此类源于生活、联系生活、富于创新的题目所占的比重一年比一年大。

命题指导思想

潍坊中考命题内容的变化，来源于潍坊中考指导思想的变化。

根据中考改革的推进情况，并结合来自学生、教师、家长的反馈，潍坊每年发布《初中学业水平考试及高中招生录取工作的意见》，对中考命题的范围、方向提出具体的、可操作的指导意见。

潍坊中考命题的改革方向，实际上为潍坊整个初中阶段各学科的课堂教学改革指明了方向，那种死教死学、机械记忆、重复训练的经验型、模仿型教学已经越来越不适应潍坊中考的要求，这引领着教师将课堂教学从知识中心转向能力素质中心。

在潍坊，一所学校、一位教师，如果还想"应试"，那就必须转变思想，必须转变旧有的课堂观念，必须将课堂教学内容和方式全面与新的课程标准接轨，回归教育教学的基本规律，把课堂学习的目标从掌握知识转变到运用知识解决实际生活问题，全面提升素质与能力上来。只有这样，才能让学生在新中考中获得高分。

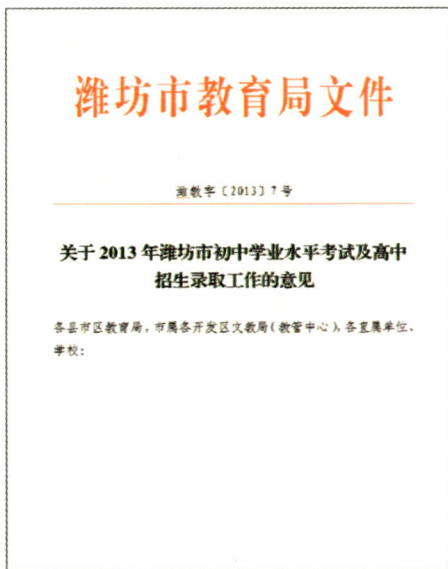

潍坊市教育局文件

潍教字〔2013〕7号

关于2013年潍坊市初中学业水平考试及高中招生录取工作的意见

各县市区教育局，市属各开发区文教局（教管中心），各直属单位，学校：

每年发布的招生录取工作意见

链接

《关于2013年潍坊市初中学业水平考试及高中招生录取工作的意见》
摘录

（潍教字〔2013〕7号）

命题依据国家义务教育课程标准，考试范围为学生初中阶段应掌握的全部内容，考试内容依照《2013年潍坊市初中学业水平考试说明》，在加强知识与技能考查的同时，重视过程与方法、情感态度与价值观的考查，做到：

1. 以考查基础知识和基本能力为主，除考查课程标准要求的识记内容外，不考查对形成学科素养和学生后续学习无益或意义不大的死记硬背、机械训练性质的内容。

2. 考试内容加强与社会实际、学生生活和成长经验的联系，注重考查学生在真实情境中发现问题、研究问题、解决问题及收集、整合、运用信息的能力。

3. 结合学科内容，用开放性、探究性题目考查学生在过程与方法、情感态度与价值观方面的发展情况，从而更好地发挥考试在培养学生的独立思考、发散思维和创新实践等能力方面的导向作用。

4. 试题命制以课程标准、教材和《2013年潍坊市初中学业水平考试说明》为依据，不追求对知识的全覆盖，重点内容重点考查；加强对高中阶段学习乃至终身学习影响较大的知识和能力的考查，给学生留有较大的思维空间。

5. 设置部分选做题，即要求考生在给出的若干题目中，根据规定的数量，自主选择题目进行解答。

6. 从今年起，在思想品德科目中增加对学生安全常识和相关防护技能的考查，考查依据是山东省义务教育必修地方课程教科书《安全教育（试用）》，占10%左右的权重。

多年来的中考命题实践在各个学科中均坚持了三个"有利于"：

· 有利于实施素质教育和课程改革，促进学生主动地、生动活泼地学习；

· 有利于培养学生的创新精神和实践能力；

· 有利于为高一级学校选拔新生。

潍坊中考试题新变化

从潍坊市历年中考试题来看，从教材上能直接找到答案的题目几乎没有，大多数是教师与学生针对学习内容展开讨论、研究，或者让学生课外进行小课题研究，不断拓展视野方能解决的问题。

特别是思想品德学科，一些重大的新闻事件、社会民生问题、社区实践服务活动等均进入了中考命题的视野，如果单纯依靠课堂教学和教材内容，得高分几乎是不可能的。

这就要求所有初中学校必须在全面开足、开齐国家课程的基础上，注重校本课程的开发与建设，注重开展丰富多彩的、有利于学生成长与发展的活动。这就从客观上起到了引领学校深入探究教育规律、规范教育教学行为的作用。

无疑，潍坊的中考命题，已经超越了教材和教辅，试题依据学科课程标准，突出对"三维目标"的考查。相比原来的"教学大纲"，新课程标准"三维目标"的确立是其最突出的变化和特点，为了适应这一变化，潍坊的中考试题变得更加灵活，源于教材而高于教材，从而能真正落实"三维目标"。

这些试题注重开发和利用本土优势资源，丰富了试题内容，更加注重结合学生的生活经验和智力水平，通过多种形式促使学生的知识与技能、过程与方法、情感态度与价值观等"三维目标"的达成。

这类试题不仅能有效地考查学生的知识应用能力，而且有利于培养学生的主人翁精神，激发学生"热爱家乡，学好本领为建设美好家园多做贡献的热情"。

潍坊中考试题有意加强试题与社会实际和学生生活的联系，考查分析和解决实际问题的能力。考试内容逐步体现了与社会实际、学生生活和成长经验的联系，注重考查学生在真实情境中发现问题、研究问题、解决问题及收集、整合、运用信息的能力。试题设计不追求对所学知识字面的、机械的考查，而是重点考查对学生初中阶段学习乃至终身学习影响较大的知识与能力。

潍坊中考试题也有意关注初、高中知识衔接，有利学生可持续学习能力的培养。

豆你玩、蒜你狠

2012 年中考语文第 8 题：

近些年集中出现了一批网络流行语：蒜你狠、姜你军、苹什么、油你涨、糖高宗、豆你玩、棉里针、鸽你肉。

请你探究：

（1）这些网络流行语反映了怎样的一种社会现状？这些词语能迅速流行反映了人们怎样的心态？

（2）新词新语层出不穷，对于新词新语的使用，有人主张从严治理，也有人认为这是大势所趋，应该鼓励，还有人主张顺其自然，让社会检验。你赞成哪种看法，说说你的理由。

湿地公园缩小昼夜温差

2011 年中考物理第 16 题，潍坊白浪河湿地公园建成后，水域面积大大增加，不仅起到了美化绿化作用，提升了城市形象，而且改善了周边生态环境，附近居民明显感觉到昼夜温差变小了。请你运用所学物理知识，做出简要的解释。

潍坊中考试题一瞥

以初中阶段知识为立足点，把整个初、高中知识看作一个体系来考查，主要加大了对后续学习必需的思想方法和能力的考查，体现了初、高中的教学衔接，也利于高一级学校选拔。

比如，历史学科试题从学生的"无障碍阅读"出发，重在考查学生从复杂史料中提炼观点的能力，从纷繁材料中整合信息的能力以及运用历史思维解决问题的能力。试题轻记忆背诵，重理解运用，与高考重视理解应用的能力要求相一致，非常好地实现了初、高中历史知识的衔接。答案要点的确定不是课本上的原话，而是以要点的形式出现，重在对材料的理解以及运用，从而很好地考查了学生的能力，为学生进入高中做好了铺垫。

人民教育出版社历史学科副编审芮信老师在分析了潍坊历史中考试题之后，认为题目内容比较全面和稳定，既考虑到面上的范围，也照顾到地方特色，难度适中，

不考死记硬背、机械训练题目

注重实际问题解决

强化与社会实际、学生生活和成长经验的联系

强化初、高中知识与学习能力的衔接

潍坊中考试题内容的整体变化

提倡开放性、探究性试题

试题难易适中，易、中、难比例5：3：2，体现梯度和层次

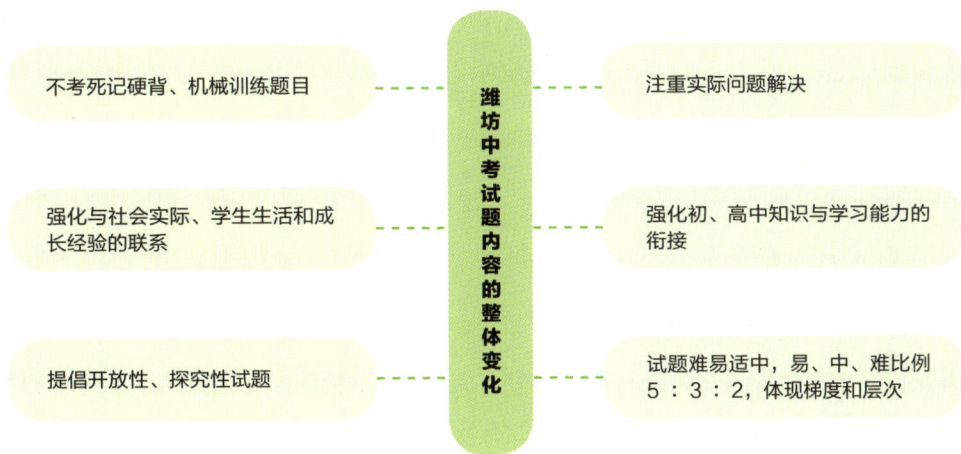

估计学生中绝大部分可以达到及格以上水平，对于初中历史教学落实课程标准具有很好的导向作用。

深化命题改革制度建设

如何确保中考命题改革的方向正确？如何确保中考命题的基本稳定？这是关系到中考命题改革能否持续发展，能否保障中考改革素质教育导向的重大问题。

潍坊为保证命题改革能够持续不断地深化发展下去，主要设计完善了三大制度。

命题人员队伍建设制度。一是确保命题人员队伍相对稳定，每年的中考试题命题，一般要至少保留上年度命题人员中的一名，以保证不同年度中考命题在试题形式、试题内容、难易程度上有较好的传承性和延续性，同时有所创新。二是命题人员主要由高中和初中各一名教研人员构成，确保初、

高中知识技能水平的衔接。三是致力于提高命题人员的专业性，从命题思想、命题方法、命题技术等方面进行培训。四是建立命题人员库，在日常工作中及时发现教育教学水平高、把握课程标准透、命题能力强的教研员和一线教师，纳入命题人员库，随时调度。五是邀请有关方面的专家对命题人员从命题思想、命题方法、命题技术等多个方面进行专门培训。

中考命题研究制度。平时加强中考命题研究，一是对全国各地中考命题样卷进行综合研究，特别是借鉴教育部中考命题评价组对每年各地中考命题的评价分析报告，从中吸取有益的命题思想和做法。二是每年中考结束后，组织各县、市、区教研人员和一线教师召开中考命题研讨会，听取他们对中考命题的意见和建议。三是中考命题期间加强研究。首先保证研究时间一般在

中考试题的评价人员由聘请的有关教育教学评价方面的专家、市县两级教学研究人员、一线骨干教师组成。

20 天左右，对历年中考试题进行集中研究，统一命题指导思想；其次精心选择命题材料，反复讨论试题，确保试题命制不出差错，提高命题质量；再次经过多次抽检试题，反复校对等多道程序，确保试题科学准确，不出纰漏。

中考试题评价制度。建立中考试题评价工作体系，在潍坊市教育局的领导下，由潍坊市教科院牵头，组成中考试题评价委员会，由分管领导分别负责具体学科，由各学科教研员具体负责各学科试题评价工作的组织和实施。

中考试题的评价人员由聘请的有关教育教学评价方面的专家、市县两级教学研究人员、一线骨干教师组成。中考试题评价的内容和标准，一是主要看考查目标是否合理，是否依据课程标准命题，是否初段的终结性目标以及目标是否具有基础性和发展性；二是看试题本身的科学性，题目设计的有效性及与考查目标是否一致；三是看试题的公平性与考查结果的导向性，试题是否能够引导教师按课程标准推进教学，是否能够引导学生自主学习、合作学习，强化运用知识解决实际问题。另外，还要看是否能够按学生情况的常态分布准确检测和甄别学生群体。

每年的中考命题评价之后要写出评价报告，一是向市教育局主要领导汇报命题存在的优缺点及今后改进的方向；二是向所有参与命题和命题人员库中所有成员反馈评价结果，为之提供研究的资料，为今后命题改革提出明确的方向和改进的重点问题。

随着中考改革的深入，新中考已经完全可以成为高中学校选拔新生时评价学科学习的最主要依据。

命题变了，学校生活也在悄然发生改变

中考试题的变化，引导着初中课堂和学校生活发生了一系列的变化。

不少学校开发了丰富多彩的校本课程，学校图书馆的每一本书都开始发光发热，学生课余时间中自主支配的时间不断增加，潍坊市初中学校基本上达到了"每百人就拥有一个社团"的社团建设标准，学生自主发展兴趣特长成为可能。

据潍坊市电教馆的统计，"大手拉小手""科学家面对面""名家进校园"报告

确保人员相对稳定；
每年补充新成员；
高中、初中教研人员携手；
建立命题人员库；
开展命题人员培训。

命题队
伍建设

三项举措确保命题
改革持续进行

命题研
究机制

试题评
价机制

研究各地中考样卷；
每年组织中考试题研讨会；
建立试题命制、研究机制。

组建中考试题评价委员会；
制定评价标准；
组织专家参与试题评价；
形成评价报告为决策服务。

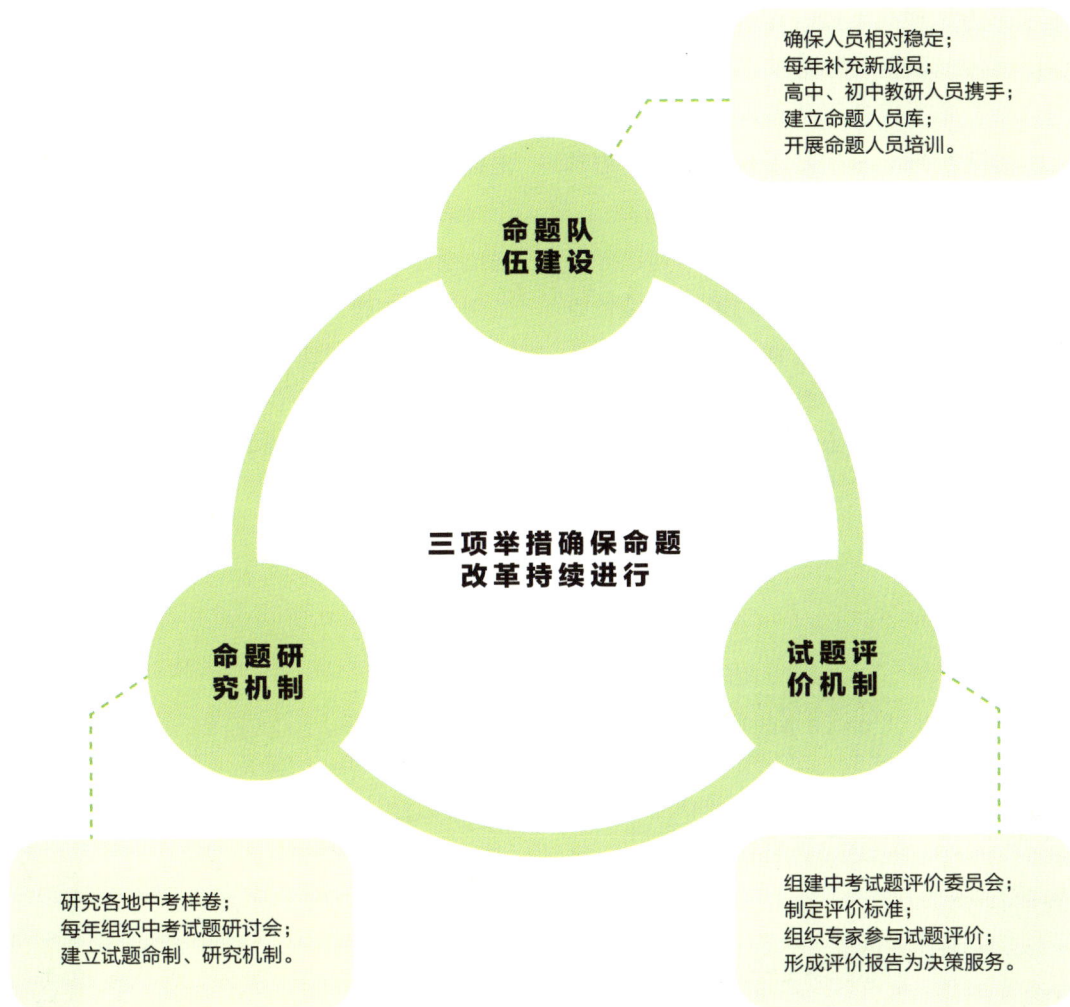

会活动取得显著成果。仅 2012 年，潍坊市就邀请到了来自中国科学院、中国工程院、中国社会科学院、清华大学、北京大学等单位的 98 位专家为全市 12 万名学生开展了 205 场报告，深受学生喜爱。潍坊市专门开发了"科学家进校园"选课平台，其中院士 23 名，全国知名专家、教授 357 名，同时建成了科技创新教育资源库，包括学生优秀科技创新成果、报告视频资源，向全市中小学开放。

课堂也成为学生自主学习、研究、交流的场所，"以讲为主"的"讲堂"被"以学为主"的"学堂"所取代，彻底改变了过去教师一人问、学生一人答的现状。学生从以个体学习为主转向了以合作学习为主。自主互助学习型课堂不但提高了课堂教学效率，而且从根本上改变了传统课堂重教书轻育人、无法让每个学生基于自己起点学习等突出问题。

在潍坊市的中小学，学生的学习已经不仅仅限于课堂，中考命题的能力素质考查价值取向和开放性特点真正改变了校园生态，从根本上解放了学生，使得校园内外的一切都是生活，都是学习，生活与学习紧密融为一体。

过去中考考什么，老师教什么，一本教材包打天下，现在中考逼着老师不得不跳出教材。

语文学科，翻开语文试卷，几乎找不到语文课本上的原题，老师不得不把课本当例子，在培养学生听说读写能力上下功夫。据统计，潍坊中小学生的语文阅读量，是国家规定标准的十倍以上。最多的学校，初中三年仅课内阅读量就达到了300万字

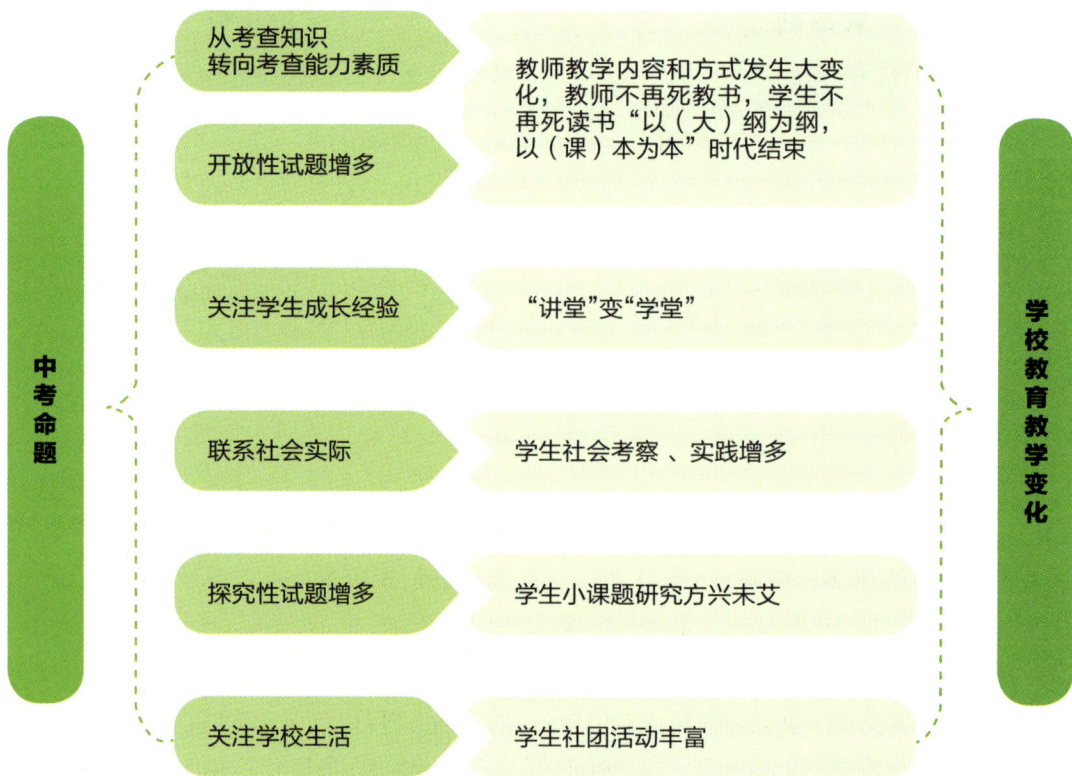

中考命题

从考查知识转向考查能力素质	教师教学内容和方式发生大变化，教师不再死教书，学生不再死读书"以（大）纲为纲，以（课）本为本"时代结束
开放性试题增多	
关注学生成长经验	"讲堂"变"学堂"
联系社会实际	学生社会考察、实践增多
探究性试题增多	学生小课题研究方兴未艾
关注学校生活	学生社团活动丰富

学校教育教学变化

中考命题带来了学校教育教学的变化

以上，是国家课标规定课内外阅读总量的2倍多。

其他学科命题改革力度也逐年增大，寿光的大棚蔬菜、家用煤气灶开关角度、核安全峰会、2011年诺贝尔化学奖获奖成果（准晶体）、2012年政府为中小学购置校车等贴近生活、紧跟时政的内容都出现在2012年的各学科试题中，约占总分值的三分之一。

……

中考命题改革，打破了教师过多讲解、学生被动接受、机械重复训练为主要特征的教学模式，引导教学注重能力培养，密切联系学生生活实际和社会实践，变灌输式课堂为情景体验式、讨论式、探究式课堂，使教学由课内走向课外。

中考的"压力弹簧"一松，老师肩上的压力也为之一轻。在潍坊，在连续十年的中考命题改革的导向下，靠题海战术、死记硬背考不出好成绩，已成为潍坊老师们的共识。

不断改进教学方式，丰富社会实践，强化能力培养，让学生生动活泼地学习，在学会知识技能的同时，学会学习，学会生活，学会关注社会，成为越来越多老师的自觉追求。

这种发自内心的价值认同，带给老师们的是对教学特色和个性化发展的研究与思考，而且更接近实际，更贴近学生，更容易取得成效。韩兴娥"海量阅读"教学法、毕英春"1+x"单元教学法等以个人名字命名

的教学法应运而生。

潍坊命题改革在前行，思考在继续……

毋庸置疑，潍坊改革的步伐不会停止，并且还要与时俱进。

2011年版课程标准与实验稿课程标准相比，发生了一些新的变化，潍坊教育人在拿到新版课程标准的时候就已经在思索，如何把新的课标精神落实到教育教学改革和中考命题改革的具体行动中去。

潍坊教育人会进一步深入研究中考命题的思路、方法、试题呈现形式与考试方式的变革；会进一步提高中考试题对学生能力和基本素质的考查，特别是创新意识、实践能力的综合考查；会进一步探索学生道德养成水平的考查，在中考命题中全面落实"育人为本，德育为先，立德树人"的教育教学基本价值目标……

不断思考，不断前行，已经成为潍坊教育人的习惯和姿态。

■ 中考科目设置

家长对于体育课误课的投诉

在潍坊，教育系统内部流传着这样一个故事。

2010年，高密市一所中学曾因为操场堆积杂物未及时清理，学生开学后的第一

节体育课被耽搁了。在其他地方的学校很司空见惯的事情，却被家长举报到了潍坊市教育惠民服务中心，又被惠民服务中心第一时间将投诉送到局长张国华办公桌上。张局长立即召集相关科室研究并决定由督导巡视团负责调查处理。当督导巡视团成员驱车赶到这所学校时，学校操场上堆积的杂物早已被移走，操场上正哨音清脆，学生们正在跑操。

一件"小事"，缘何引起局长的重视，学校也不敢等闲视之？原来，故事的背后，是中考改革这只无形之手。

传统的中考考试科目都是文化学科，潍坊在中考考什么的问题上除对命题进行改革之外，另一项重大行动就是研究考试科目的设置，基于学生的全面发展，把一些大家认为没法考试的学科转成可以考试（考查）的学科，把一些非文化学科设置成中考考试学科，借中考的导向作用引导学校开全开足课程。体育与健康学科自2009年始由考查科目变成了考试科目，其成绩等级与物理、化学学科等级等值纳入录取。如此一来，家长和学校还能不重视吗？

在全国各地，普遍存在着一个以中考为导向的课程设置现象，即考什么，学校就教什么，考哪个学科，学校就开设哪个学科。这就导致有些不进入中考范畴的学科，在平时基本上处于撂荒状态，课程表上虽然列着该课程，但总是被挤占或挪用，"挂羊头卖狗肉"。

潍坊市教育惠民服务中心问题报批单

第 00673 号　　　　　　　　日期：2010.9.1

问题	高密 ■ 中学操场不能用
问题详情	上午 10 时许，接到高密市 ■ 中学一名初三家长投诉：该校因为操场堆积杂物，导致开学了，学生无法上体育课。这样，学生体育课受影响了，问影响了孩子中考体育成绩怎么办？这校长是怎么当的？开学前为什么不做好开学准备？
局领导批示意见	*清理好操场，恢复体育课，同志学习加强。* 张国华 9.1

对一件"小事"的批示

表现最明显的就是音、体、美。在相当长的一段时期内，学校要组织音、体、美活动，都被家长认为是浪费时间，被社会认为是不务正业。这也让有些校长们"顺水推舟"，干脆让音、体、美为语、数、英让路。有限的音、体、美教师也被边缘化，要么改行教别的学科，要么沦为学校处室中的"闲杂"人员。

把中考科目设置作为中考改革的重要组成部分，潍坊是借力打力，从考试评价的角度引导、规范课程设置。当别的地方还在占用音、体、美课时进行数、理、化补习时，潍坊市的中小学已经被家长"逼迫"着开全课程、开足课时。

2013 年中考，潍坊市中考设置 12 个考试科目，4 个考查科目。

其中，考试学科为语文、数学、英语，原始分值为 120 分；物理、化学、思想品

2013 年潍坊中考科目设置

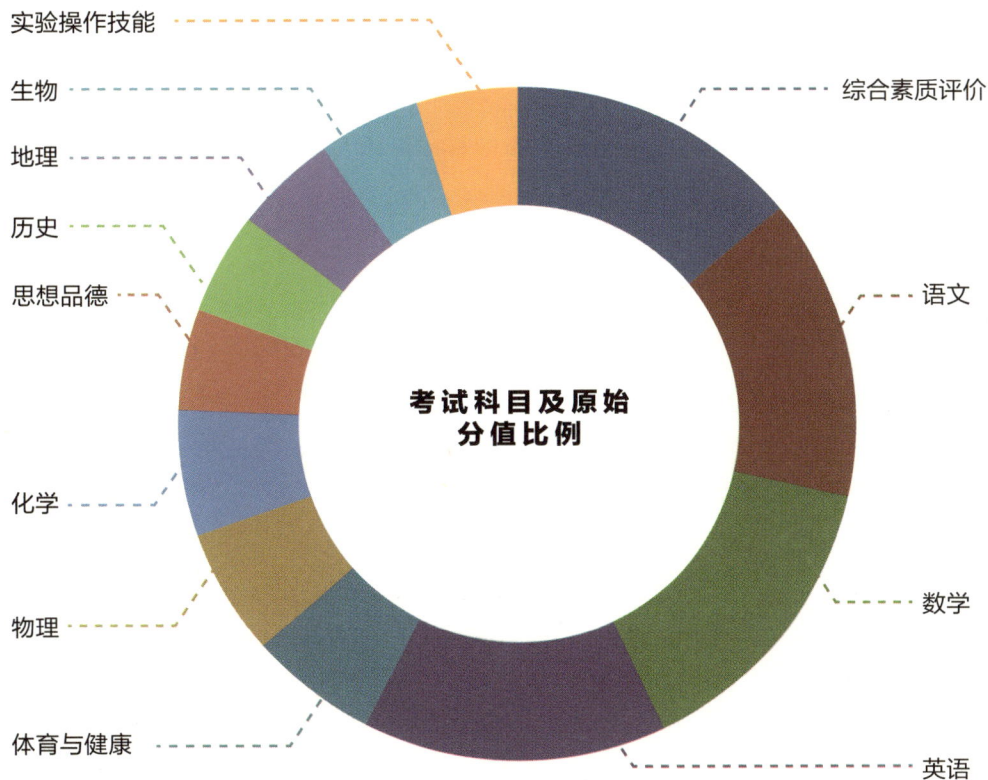

考试科目及原始分值比例

（实验操作技能、生物、地理、历史、思想品德、化学、物理、体育与健康、英语、数学、语文、综合素质评价）

注：音乐、美术、综合实践活动、地方与学校课程、信息技术如考查或考试不达标，则高中录取受限

德、历史、地理、生物、体育与健康、实验操作技能考试满分各为 100 分。体育测试项目包括男 1000 米、女 800 米跑，立定跳远，坐位体前屈及男引体向上、女仰卧起坐四个测试项目。根据四项成绩综合评定体育与健康中考成绩，与物理、化学等值纳入中考录取成绩。

考查学科包括音乐、美术、综合实践活动、地方与学校课程 4 个科目，由县级教育行政部门组织。信息技术科目考试参加省招生考试部门组织的等级考试。

综合素质评价的内容包括道德素养、学习能力、交流与合作、运动与健康、审美与表现、创新与实践六个方面，过程评价与终结评价相结合，一学期一总评。根据发展性原则，由初中段六个学期的成绩按比

链接

三大新中考科目

综合素质评价

按照道德素养、学习能力、交流与合作、运动与健康、审美与表现、创新与实践六个维度评价，每学期开展日常评价和期末评价，六个学期的评价结果按照一定比例汇总出初中毕业综合素质评价等级。

体育与健康

主要测试男 1000 米、女 800 米跑，立定跳远，坐位体前屈及男引体向上、女仰卧起坐四个项目。引体向上、仰卧起坐项目，可用握力器测试项目替代。

实验操作技能

理、化、生三科各提供 6 个实验，由学生抽签选取其中 1 个实验进行操作考试。根据操作规程符合不符合规定要求来判定成绩。

例综合计算出学生初中段的毕业评价成绩。

实验操作技能包括物理、化学、生物三科实验操作内容，任意抽取6个物理实验、6个化学实验、6个生物实验中的任何1个在规定时间（15分钟）内进行实验操作，根据操作规程符合不符合规定要求来判定成绩。

综合素质评价等级与语、数、英等级等值纳入录取并作为等级录取的第一组团；体育考试等级与理、化等级等值纳入录取并作为等级录取的第二组团；实验操作考试等级与政、史、地、生等级等值纳入录取并作为等级录取的第三组团。

音乐、美术、综合实践活动、地方与学校课程以及信息技术考查或考试成绩有1科达不到要求等级，则不予录取普通高中学校。

这是一封措辞非常尖锐的投诉信。但又是带着偏见、对中考未做深入了解的一封信。

这封信只看到了潍坊中考的表象：一是中考科目数量确实不少，因此说负担重是从感性认识的角度臆测的；二是对素质教育的认识不到位，认为孩子没有功课做就是素质教育，认识显然是偏颇的；三是家长之所以认为综合素质评价、体育考试及

链接

一封家长投诉信

作为一个家长，我非常想知道教育局是否知道目前我市的学生有多少中考科目？我告诉大家，12门。我想这在全国都是首创！我还想问一下教育局在制定这些中考项目的时候想没想过孩子的负担问题，想没想过我们的孩子越减负负担越重的根源在哪里？就在教育局的指挥棒上！

12门中考项目，别说是让一个十五六岁的孩子去承担，去面对，就是让一个大人去面对，你能吃得消不？孩子一天到晚只忙活考试的功课都忙活不完，哪里有时间去素质教育！从我市有这么多的中考科目就可以断定：素质教育在我们这里就是一句空话！因为根本没时间！所以作为家长，我希望教育局能认真去调研一下，分析一下，废除不必要的考试项目，比如综合素质、体育、实验操作。这三项完全可以作为考查项目。

希望教育局考虑！

实验操作考试可废除或作为考查科目，其实质是怀疑这些科目考试的公平性、公正性。

家长质疑，问题无大小，须认真对待。潍坊市教育局批示基础教育科、体卫艺科、实验教学研究中心等负责同志迅速到学生所在学校调研，发现这名学生的文化课成绩均在优秀之列，而家长特别担心孩子的体育成绩不能为 A 等，不相信学校能够公平公正地将孩子的综合素质进行评价，觉得体育考试、实验操作考试等可考可不考。如果不考，他的孩子将名列前茅，如果加试这些项目，成绩有可能下滑。

当时这位家长的孩子还不是初三毕业生，但家长已经在提前关注中考了。一方面这体现了社会对中考的高关注，另一方面家长对政策存在误解，不是深入理解政策，按政策要求去提升孩子各方面的素质，而是通过舆论来干预中考的科目设置。最后，潍坊市教育局协同家长所在区县教育局和学校领导、班主任共同与学生家长举行了一个座谈会，及时沟通了意见，达成了谅解。

随后，潍坊市立即对历年的体育、综合素质评价、实验操作考试工作进行了反思，写出了总结报告，坚定了加试这些学科的信心，加强了考试的组织力度，以确保公正公平。

再回到这个事件的大背景上。潍坊市从 2004 年开始就把体育作为考试学科之一，2009 年体育分数纳入中考招生录取，其目的就是要加强学校的体育课程开设，关注学生体质健康。为此，潍坊市还明确规定，中小学每天保证 1 小时的体育锻炼活动，如果当天没有体育课，下午的 30 分钟大课间就必须延长到 1 小时。重视孩子的体质健康没有错，这本应该是教育最基本的保证。

综合素质评价项目也是从 2004 年就开始作为中考改革的一部分，作为中考录取的重要参考，2009 年与语、数、英学科等值实分纳入中考录取，完全符合 2002 年《教育部关于中小学评价和考试制度改革的通知》精神。在未来全球一体化发展的国际背景下，没有很强的综合素质而只会考试的学生，是很难生存的。分数之外广阔的世界才是学生生活的真实世界。

正因为中考将实验操作作为考试学科并实分纳入录取，才真正促使学校让孩子走进实验室，探究科学奥妙，提高学习认知能力和动手操作能力，这正是全面推进素质教育的行动和有效举措。

考试科目多，确保了学校开齐、开足课程，有利于孩子全面健康发展。比如，中考考体育能促进学生加强体育锻炼。有人把加强体育锻炼说成是挤占了对学生进行素质教育的时间，怎么说都不成立。加试实验操作，恰恰是让孩子从繁重的作业堆里解放出来，到实验室去进行科学探究，怎么能说成加重了学生负担呢？

曾经参加过昌乐县体育考试工作的昌乐外国语学校副校长陈启德这样说："当我看到个别学生拉单杠伤着手掌，看到有学生跑完 800 米让人抬出考场，我当时就有一种观点冒出来，体育是第一基础学科，身体是一切一切的基础！学生可以不懂 1+1，但必须身体健康。第二基础学科是音乐和美术，艺术可以启迪智慧，可以让人快乐，快乐是人生幸福的具体表现，不懂语、数、英，人生可以一样快乐。然后，'有余力则学文'。"

峡山生态经济开发区岞山街道一位家长，孩子因抑郁症休学就医，他说："有了自己的亲身体会，我劝告所有家长，不要逼孩子学业，健康第一啊！"

当然，一般的家长并不关心制度背后的整体考虑，他们会更多地依据自己孩子的情况有选择地理解和判断中考政策。比如，有的家长就因为孩子的体育成绩好，动手能力强而力挺新中考政策。不管哪种情况，普通家长产生误解是正常的，教育主管部门在努力沟通的情况下，更要通过坚持不懈的努力，以促进更多学生成才的实际成绩来引领家长和社会舆论的转变。

考试科目设置的积极影响

中考考试科目设置的改变，直接带来了学校课程设置、教学生态的改变，带来了学生在校生活状态的改变。

- 改行的音、体、美学科教师回归原学科；
- 部分县（市）区专门进行其他学科教师转岗音、体、美的培训；
- 体育节、艺术节、科技节等活动花样迭出，成就非凡；
- 全市中小学全面落实每天 2 个"大课间"活动，确保 1 小时体育锻炼；
- 实验室由"冷清"变"热闹"，全天候开放；
- 实验教学由"纸上谈兵"转变为实战演练；
- 积极对实验教师进行专业培训；
- 人人重视"综合素质"发展；
- 所辖县（市）区均有一所专门的学生实践基地学校；
- 潍坊市教育局在中小学全面推进"活动育人"课程；
- 学校课程建设丰富多彩；
- 全面落实课程方案已成为学校实现内涵发展、特色发展的内在追求。

国际文化理解课程
异域风情
英文原版图书阅读
英语Mini课程
英语引桥课程
英语阅读与习作课程
外教口语课程
英文版科学与英文版数学课程

小语种
英语角
英语课本剧
国际游学
西方节日
模拟联合国项目

古诗词诵读
国学诵读
大阅读
普通话培训
演讲与口才
画配话

名著欣赏
文学（诗）社、通讯社

认识生命
尊重生命
珍惜生命
爱护生命
感恩生命
青春期教育
挫折教育
心理健康教育
价值观教育

班会课程
文明礼仪课程
品格教育课程
生活教育课程
军训课程
国旗下的讲话
国学经典讲座
视频德育课程

科技节
游戏节
体育节
艺术节
童话节
英语节
毕业课程
教师节晚会
同伴关系月
开学典礼
读书节
合唱节
元旦晚会
阳光健身赛
春节晚会

品行教育类课程

外语（国际）类课程

诵读与演讲类课程

生命教育类课程

节会活动类课程

CHANGLE FOREIGN LANGUAGE SCHOOL
卓越素质课程
昌乐外国语学校

实践体验类课程

艺体特长类课程

创新与科技素养类课程

志愿者服务社团
公民教育实践
航模、船模、车模

远足课程
游学课程
社区服务课程
校园劳动课程
社会调查（企业考察）课程
游戏课间课程
节假日资源课程

OM（头脑奥林匹克）
电脑绘画、
电子报刊、
科幻漫画、
科学幻想绘画、
3D设计、PS设计、
信息学奥赛、
七巧科技、
科学实验（理化生）

天文观测与探究
电脑制作
科学家进校园
创意设计

毛笔字书法、油画、国画、水粉画、素描、工笔、陶艺、装饰画、版画、手工制作、泥塑、剪纸、美术鉴赏、舞蹈、合唱、独唱、民乐、电子琴、口琴、电声乐队、鼓乐、管乐、音乐鉴赏、体育游戏、乒乓球、足球、武术、篮球、排球、手球、羽毛球、桌式足球、太极拳、拉丁、健美操、啦啦操、各类田径赛辅导

舞蹈、葫芦丝、二胡、竹笛、书法、儿童画、剪纸、陶艺、轮滑、中国画、素描、乒乓球、手球、太极拳、微微球、手球、足球、排球、篮球、团体操

- 品行教育类课程
- 外语（国际）类课程
- 诵读与演讲类课程
- 生命教育类课程
- 艺体特长类课程
- 创新与科技素养类课程
- 实践体验类课程
- 节会活动类课程

昌乐外国语学校卓越素质课程

在昌乐县，改行的音、体、美学科教师不但全部回到原学科，他们还要组织其他转教音、体、美的教师进行学科培训，让音、体、美学科不再因为师资问题而被搁置。目前，潍坊市全部中小学几乎每年都举办专门的体育节、艺术节、科技节等活动。这也有力地说明了中考改革能够引领学校的课程设置与实施。随着中考改革的推进，全面落实课程方案已成为潍坊市中小学校实现内涵发展、特色发展的内在追求。

在过去，重视理、化、生实验教学是喊得多，做得少；规定得死，执行得少。许多教师在学科教学中往往以"讲"实验为主，好一点儿的做做"演示实验"，而学生则由做实验变成了看实验、背实验。一些学校和教师以学生走进实验室组织麻烦且浪费时间，而且有安全隐患等理由搪塞着，致使生动活泼、妙趣无穷的实验教学成为"纸上谈兵"。

目前，潍坊市中小学校的实验室是全天候开放的，学生可以随时进入实验室进行实验操作，探究问题。有的学校学生还自发组建了理化生实验社团性质的组织。

"综合素质"，这个往往给人感觉是无法具体考查的项目，也被潍坊市教育局定为与高中招生录取"硬挂钩"。

潍坊市为满足学生综合实践活动需要，专门设置学生综合实践活动基地，负责研发系列综合实践活动课程，并要求潍坊所辖各县市区按照"522"（占地 50 亩以上、校舍建筑面积 2 万平方米以上、仪器设备价值 200 万元以上）标准，集中建设至少一处以上的中小学生综合实践基地。

在此基础上，潍坊市积极挖掘教育资源，开发训练项目，丰富教育内容，着力开发了探究类、技能类、体验类等五大类 200 多个综合实践活动项目，确保每位初中学生都能在综合实践基地接受 5 ~ 7 天的集中教育。目前，有条件的县（市）区的服务面已经逐渐向小学高年级辐射延伸。

潍坊市着眼未来，还把信息技术作为考试学科并作为高中录取学生的基础条件之一，有力地推动了信息技术教育的快速发展，使潍坊市中小学生的信息技术素养水平大幅度提升，并产生了许多有特殊才能的学生，通过推荐录取的方式使之顺利进入高中。

在潍坊，各项科技创新竞赛活动成绩继续保持全省、全国的领先地位。

截至 2015 年，在中小学生电脑制作活动中，潍坊市团体成绩连续 13 年位居全国地级市之首，获全国奖作品占全省的 55%（其中一等奖 25 件，占全省的 81%）。截至 2013 年，中小学机器人大赛成绩连续 9 年位居全国地市级之首，获全国奖 37 项，其中全国冠、亚、季军 16 项。科技创新大赛团体成绩连续三年保持全省第一，潍坊市获全国奖 12 件，占全省的 50%。

……

潍坊市信息技术教育得到大力推进

中小学生"网上科技节"设立了 12 个大类 113 个项目，近 55 万名中小学生参赛；

引进 3 套全国最大吨位的大篷车，到全市 116 处乡镇巡展，占乡镇总数的 85%，有 571 所农村学校的 304462 名中小学生参加了活动；

引进 2 套全国最先进的流动科技馆，使全市 195 所学校的 301227 名学生受益；

建成 105 处动漫实验学校，培养了 190 名动漫骨干教师；

申请立项 60 个中央电教馆课题。

——潍坊市电教馆 2012 年统计资料

或许，我们可以通过一组数字来说明课程的落实情况。

一组数字说课程落实

初中的课程全面落实率达到了 **93.55%**；

大课间、体育活动课落实率初中 **98%**、小学 **98.03%**；

理、化、生实验落实率达到 **95%**；

音、体、美课程落实率达到 **95.94%**；

校本课程 / 地方课程落实率达到 **84.69%**；

综合实践课程落实率达到 **88%**。

——数据来自 2012 年对 63 所学校的调查

科目设置的历年变化

潍坊市中考科目的设置主要体现在文化学科之外的考试项目和评价项目。目前形成的考试、考查科目体系是在历年中考改革的实践中经历了一个不断调整的过程后才形成的。无疑，这一过程正是潍坊教育人不断探索和实践的过程。

2004 年的中考新变化主要有以下两方面：一是综合实践纳入中考考查科目，初中生校外实践活动成为除国家课程之外的必修活动课程；二是体育考试明确了 50 米跑、立定跳远、台阶试验、坐位体前屈四项考查项目。

2004 年：文化学科考试＋其他考查项目（综合实践、体育）

2005 年潍坊市《关于改革和加强普通高中招生工作的实施意见》要求，综合素质评价结果要与中考录取"硬挂钩"，对中考成绩较好的学生可适当降低综合素质评定的档次要求，对中考成绩较差的学生可适当提高综合素质评定的档次要求，实际上综合素质评价等级还处于"参考"的地位。

2005年：全面开展综合素质评价，评价结果作为中考录取的参考

2006年：所有初中毕业生全部进入新中考。明确文化课考试科目、综合素质评价、音、体、美学科考查、实验操作考查、信息技术考查共计15项

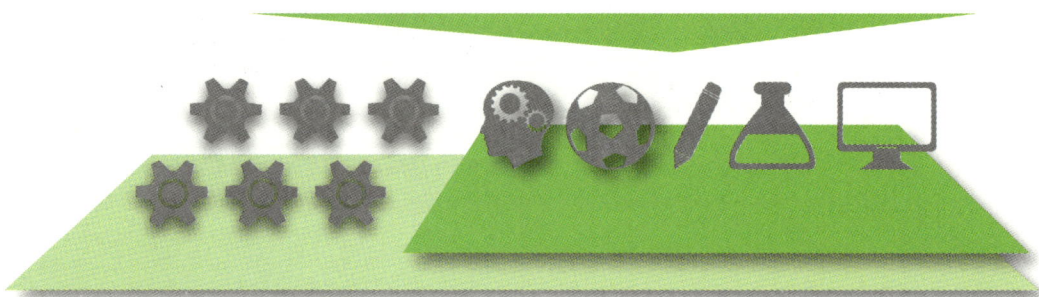

2008年：体育、信息技术明确为考试学科，但成绩仍然作为中考录取的参考

中考科目设置在客观上解决了平时学校课程设置不全的问题，但部分科目的考查方式有待进一步调整、完善。潍坊的教育人还在努力。

2009年：体育学科与综合素质评价全部实分纳入中考录取，实现"硬挂钩"

2010年：理、化、生实验操作考试成绩纳入中考录取

2 | 向考试制度动刀

考考考，
教师的法宝
分分分，
学生的命根

· 毕业考试与升学考试并行，增加负担

· 一考定终身的高利害性，压力巨大

· 按总分录取，分分必争，极度焦虑

· 形成制度，难以撼动

谁说中考必须过两道关？谁说中考必须是在初中毕业后才能考？谁说成绩一定得用分数表达？既然没有硬性的规定，就一切可以改！

已经在中考改革路上的潍坊人自然是敏锐地意识到传统中考的弊端。把准脉搏，就可以向禁锢已久的传统中考制度开刀了。

两考合一 ▶ 两步并作一步走，做减法，减负担

多次考试 ▶ 一次考试变多次，做加法，增机会

等级表达 ▶ 成绩分数变等级，改办法，缓压力

旧中考 - - ▸ 毕业考试 → 升学考试 → 初三毕业时一次性工程，一考定终身

新中考 → 兼顾毕业与升学两考要求

初一 - - 可选择 - - ▸ 地 生

初二 → 地 生

不满意，初二再考

满意，可再选择

可选择 - - ▸ 语 数 英 物 思品 史

不满意初三再考

满意，在初中毕业时可只考未考的学科

初三 → 语 数 英 物 思品 化 史

地 生 体 实验 | 初一、初二已考且满意的学科，初三不必再考

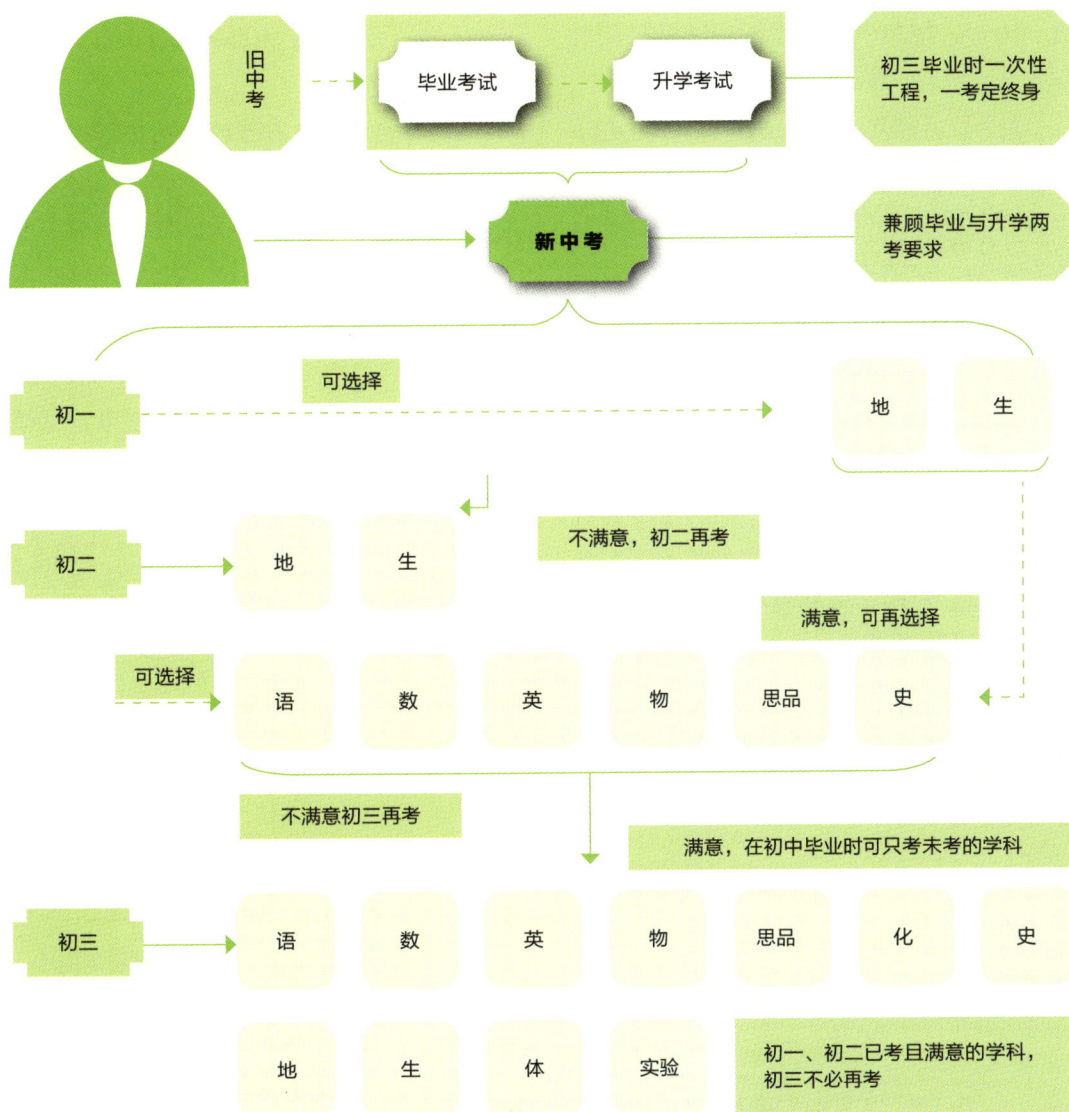

潍坊市初中学生参加中考路线

■ 两考合一，给考试做减法

何谓"两考合一"？

就是把毕业考试（初中学业水平考试）与升学考试（中考招生考试）两次大型考试合二为一，把初中学业水平考试结果同时作为高中阶段学校录取新生的重要依据。

过去，在潍坊，初中毕业生一般会在每年的6月份参加一次毕业考试，然后在7月中旬再参加一次升学考试。而现在，他们只需要参加一次初中学业水平考试，就可以实现毕业和升学双目标了。

如何实现"两考合一"？

毕业考试主要是检测初中学生在初中阶段各学科学习和素质能力发展的水平和程度，是颁发义务教育阶段学业结业证书的重要依据，命题考查的是学生达到课程标准要求的基础性目标。

升学考试即中考则是为高一级学校选拔优秀学生，不仅要考查基础性目标，更要让试题具有甄别与选拔功能。

这两种考试是两种不同性质的考试，如何实现"两考合一"？

潍坊市的做法是将学业水平考试的命题兼顾选拔功能。潍坊市敢于将"两考合一"，除了对中考命题工作有深入研究之外，更是出于对百万初中学生健康成长负责。

"两考合一"随着课改的推进而推进

中考制度关系到千家万户，不能急功近利地冒进，而是要科学、合理地稳步前行，这个过程也是完善改革措施以及让老百姓逐步接受改革的过程。

2001年，潍坊市所辖的高密市最早进入新课程改革，到2004年，高密市首批课改学生参加新中考，最早实行"两考合一"。2002年，潍坊市所辖的奎文区、潍城区、诸城市、寿光市进入新课程改革，到2005年这四个市（区）的学生参加"两考合一"。2003年，潍坊全市全部进入新课程改革，2006年"两考合一"政策在全市普及，贯彻至今。

为了使"两考合一"落到实处，教育局文件明确规定："初中在籍学生都应参加学业水平考试，其考试成绩作为初中毕业和高中录取新生的依据。初中学校要把学生的学业水平考试成绩作为毕业考试成绩，任何单位和学校不得另行组织毕业考试。"

2004 ● 高密市

2005 ● 奎文区
潍城区
诸城市
寿光市

2006 ● 寒亭区
坊子区
青州市
昌邑市
安丘市
临朐县
昌乐县

两考合一 —— 身心放松 ---- 学生
教师
家长

费用减少 ---- 10年2亿元

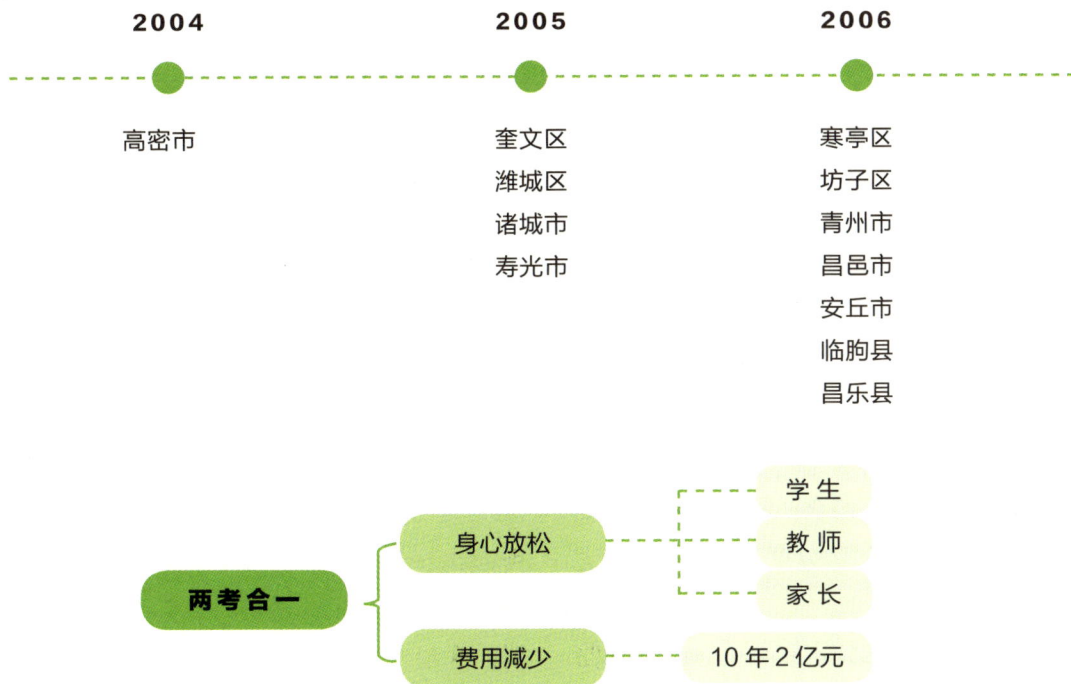

"两考合一"减轻应试负担

两考合一，最大的受益者是学生。原来的中考体制下，短短一个月时间内，学生就要面临两次大型考试，压力之大，心情之紧张，可想而知。将两次考试合并为一次，无疑减轻了学生的课业负担、应试负担和心理负担，他们可以有更多的时间去发展自己的综合素质，完善自我，发展自我。

一位家长在网上感叹："孩子考试，我们做家长的也跟着很紧张。还是这样两个合并一个好啊，孩子复习功课有方向，我们家长也可以少跟着紧张了。"

解放了学生，自然也就解放了教师。相对地松开了"考试的弹簧"，不仅相对减轻了学生考试的压力，还让广大学校和教师有更多的精力和时间去研究教育教学，有利于教师的专业发展。

两考合一，减轻的不仅仅是师生的心理负担，还有广大学生家长及教育财政的经济负担。曾经有人算过一笔账：因为"两考合一"，每年潍坊市减少拨付命题、组织考试等费用近千万元；而按每生每次考试费用平均100元计算，潍坊十余年中考改革为考生节约考试费用总计1亿元以上。两项总计减少支出2亿元左右。

一个帖子的风波

这是 2005 年潍坊市一名初中毕业生家长在百度贴吧发的一个帖子，这个帖子引发了一片不算大却也不算小的舆论涟漪，有很多家长致电校长要求做出解释，甚至有些有"门路"的家长闹着要转学。

这个帖子很快引起了潍坊市教育局的注意。

潍坊市教学科研部门召集命题人员和相关考试与评价方面的专家，对潍坊市两年的中考命题进行了评估，将评估的结果通过媒体公布，告诉群众命题的原则和目的，让群众知道必要的区分度是合适的，并且是高中招生所必需的。

正是基于学业水平考试和选拔性考试合一的新中考政策，潍坊市历年的命题均提出了按照课程标准要求命题，落实"三维目标"的要求，并硬性规定了学业水平考试的难度系数在 0.60 ~ 0.70 之间，低、中、高难度三档题目的比例为 5 : 3 : 2。这样既照顾了一般学生的毕业考试，又在一定程度上适当增加了区分度。这对"两考合一"的潍坊中考来说，是科学的也是合理的。

在向社会公众解释潍坊中考命题科学性的同时，学校对该生进行了深入细致的调查，调阅了其初中三年的成长记录和学业水平阶段性测试档案和相关试卷进行分析。分析显示，该生平时虽与其父母所说的与同学差距较小，但在学习能力方面特别是学习方法、理解力上却有很大差距，因此在兼具中考招生功能的学业水平测试时拉大差距是正常的。

最后，学校根据该生在学校的表现和动手能力强的特点，推荐该生到潍坊技师学

只看楼主　　收藏　　回复

XX 家长

学校实行新课程改革后，教学质量下降了。我的孩子原来与我朋友的孩子相比不相上下，差也差不了多少，但中考名次却比任何一次考试差距都大了，最后没有通过高中统招录取。

＋ 分享

让群众知道必要的区分度是合适的，并且是高中招生所必需的。

院就读五年一贯制专科机电专业。该生毕业后进入潍柴动力，成为一名掌握技术的蓝领工人，收入很高，生活幸福。潍坊的中考改革，历经五年终于得到了这位学生家长的认可，并使这位家长成为新中考坚定的拥护者。

处理好一个贴子，赢得的是家长和社会对中考改革更深的认同和理解。

■ 多次考试，为孩子增加成功的机会

何谓"多次考试"？

在潍坊，初中学生的中考是在初中三年中分散进行的，并且对第一次考试成绩不满意的，还有选择重新考试的机会，并从中选取最好的一次成绩作为中考录取的最终成绩。这就是潍坊中考改革的又一大亮点——多次考试。

地理、生物两个学科结束全部课程应在初二，所以将两科的中考时间定在初二下学期期末；其他学科结束全部课程应该在初三，因此将考试时间定在初三。

从前述"潍坊市初中学生参加中考路线图"可以看出，初一时，学有余力的学生可以申请提前参加地理、生物两科的考试，如果对成绩满意，在初二时则可不再参加这两科考试；如果不满意，可在初二时与其他同学一起再参加一次；如果初二时参加两科考试还不满意，初三还有一次重新考试的机会。初二时，可选择提前参加语文、数学、英语、物理、思想品德、历史6个学科的考试，对成绩满意的学科，初三毕业可不再参加考试，不满意的可选择再次参加。

链接

潍坊文华国际学校2010级毕业生中，有10名学生在2012年参加地理、生物考试时成绩为B等。在不影响初三其他学科学习的同时，他们又选择了自主研修地理、生物。在2013年初中学业水平考试中，他们均又参加了地理、生物考试，其中6人获得了A等。

"多次考试"的优越性

第一，破解"一考定终身"，避免了因一次考试发挥失常而抱憾终身的现象。

> 幸亏孩子又参加了一次考试，要是没有再次考试的这个成绩，孩子就与高中无缘了。
>
> ——一名家长

> 今年初三毕业生有几个同学兴奋地告诉我，他们在初二时提前参加了部分学科的中考，那时候取得了 B 等，但就是这次考试给了他们经验和教训，使他们找到了学习中的不足，给了他们在初三改进的机会。
>
> ——潍坊外国语学校副校长　孙志博

第二，减轻了考试带来的焦虑，让越来越多的学生找回了成长的快乐。

> 潍坊文华国际学校 2011 级学生徐小桐初一时提前参加地理、生物考试，两科均考取 A 等。2013 年，作为初二学生的他提前参加了语文、英语、物理、数学考试，取得了四科 A 等的好成绩。面对成绩，徐小桐非常淡然："提前参加中考，我没有丝毫的压力，因为我明白自己还有一次机会，所以在考试时非常放松……"

第三，多次考试让学生的学习更有针对性，有效防止偏科，实现全面均衡发展。

> 潍坊十中的李一诺同学在初二时提前参加了语文、英语考试，并获得了 A 等。但他不仅没有放松英语学习，而且课内、课外在老师的指导下，自觉地进行了大量的扩充学习，使他的英语水平得到了很好的发展。他在 2012 年中国青少年英语能力大赛中，获得了初中组全国亚军的好成绩。

> 潍坊三中学生杨梓娆在初二时报考了语文、数学、英语，成绩显示语文、英语在 A 等，而数学则在 C 等，这让家长、老师包括她自己，都非常担心。在接下来的初三一年，她把主要精力放在了理科的学习上。其他同学复习语文、英语字词时，她在做理科练习题；其他同学在练习作文时，她在归纳理科的知识树；其他同学在背诵古诗词时，她在向老师请教复习数学、物理、化学时遇到的困难。就这样，在初三毕业的中考中，她又获得三科的 A 等，其他科目也均在 B 等以上。查询完成绩后，她深深地松了一口气。

第四，提前考试为学有余力的学生提供了更广阔的发展空间，悄悄改变着他们的学习方式。

潍坊外国语学校要求在提前考试中获得 A 等成绩的学生参加与相应学科相关联的自主研修计划，参加探究主题实践活动，提前与高中学习对接。

提前考试的学生比例有多少呢？

据统计，2011 年，潍坊中心市区 71 名参加英语考试的初二学生中，成绩为 B 等以上的占 92.96%。2012 年，潍坊中心市区参加语文考试的初二学生有 504 人，占中心市区初二学生总数的 5.02%。潍坊外国语学校 2011 级提前参加 2012 年地理考试的学生中，53% 获得 A 等，47% 获得 B 等，A、B 等率达 100%。2012 年，高密市初二学生共有 410 人次参加了语文、英语、思想品德、历史科目的考试，有 266 人次分别获得相关科目的 A 等成绩。

可见，参加提前考试的一般是学有余力的学生。而不高的比例恰恰说明大家并没有一窝蜂地追求"提前"，这对学生而言无疑是一件好事。

对于那些已经成功通过考试的优秀学生来说，他们可以根据自己的特点自主选择研修，以此发展自己的特长、志趣爱好，进行丰富多彩的课题研究和发明创造。这为我们最大限度地培养学生的个性和创造性，培养优秀的人才提供了契机。

"多次考试"和"提前考试"制度，挖掘的是学生的内动力，提高的是学生的自主学习能力，也为学生提供了更多成功的机会。学生，才是最大的受益者！

"多次考试"的前世今生

追本溯源，让我们来梳理一下"多次考试"制度的演变。

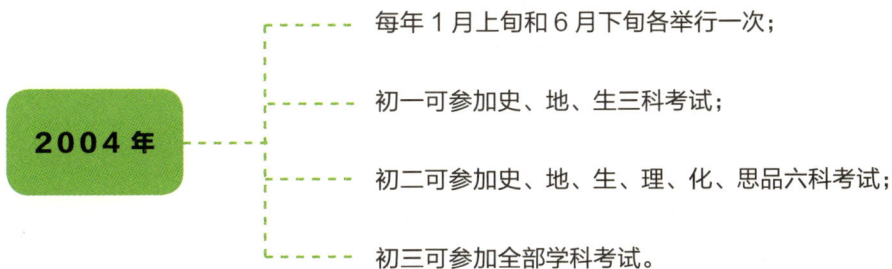

2004 年
- 每年 1 月上旬和 6 月下旬各举行一次；
- 初一可参加史、地、生三科考试；
- 初二可参加史、地、生、理、化、思品六科考试；
- 初三可参加全部学科考试。

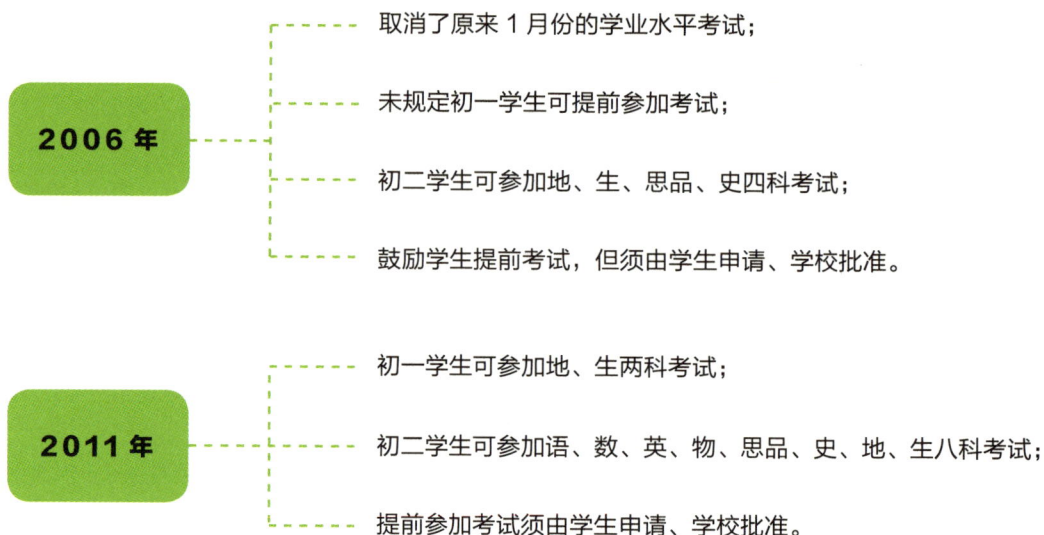

2006年
- 取消了原来1月份的学业水平考试；
- 未规定初一学生可提前参加考试；
- 初二学生可参加地、生、思品、史四科考试；
- 鼓励学生提前考试，但须由学生申请、学校批准。

2011年
- 初一学生可参加地、生两科考试；
- 初二学生可参加语、数、英、物、思品、史、地、生八科考试；
- 提前参加考试须由学生申请、学校批准。

问 与 答

①两次考试选最优，那样会不会导致很多学生都参加两次考试，从而增加学生负担和老师的工作量呢？

答：事实上，只有一小部分觉得考得很不理想的学生才参加第二次考试。统计显示，自2005年以来，平均每年有10.2%的学生选择二次考试，其中有一半左右考生成绩得到提升。据统计，2011年，中心市区71名参加英语考试的初二学生中，成绩为B等以上的占92.96%。2012年，潍坊中心市区参加语文考试的初二学生有504人，占中心市区初二学生总数的5.02%。潍坊外国语学校2011级提前参加2012年地理考试的学生中，53%获得A等，47%获得B等，A等、B等率达100%。2012年，高密市初二学生共有410人次参加了语文、英语、政治、历史科目的考试，有266人次分别获得相关科目的A等成绩。

是否参加多次考试，需要家长与教师跟孩子做好沟通，尊重学生的意愿，根据实际情况做出最适合学生的选择。

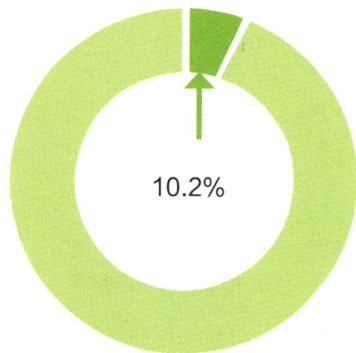

10.2%

现在，"多次考试"越来越受到学生、家长及教师的肯定。学生可以根据自己的情况做出选择，最大程度发挥自己的实力。对于家长来说，多次考试无疑是给了孩子更多的机会，降低了考试风险。对于教师来说，多次考试具有了过程性评价的功能，促使教师更有针对性地教学，真正做到"因材施教"、"增强补弱"。

② "多次考试"给予了学生更多的机会，对于没有参加二次考试的学生是否公平？

答：这个问题实际上是个人选择的问题。提前或拖后参加考试的学生的等级划分都是与当年应考的学生一致的。对于提前参加考试的学生来说，是给自己一个机会，或积累经验，或验证实力；对于拖后参加考试的学生来说，是给自己一个圆梦的机会，以更充分的准备，证明自己的实力。是不是参加多次考试，是学生根据自己的实际情况做出的决定，尊重考生的自主选择，这恰恰是公平的体现。

③ 从功利的角度来看，考试就是为了升上自己理想的高中，只要达到了最高等级 A，仿佛就达到了自己的学习目标。但是学习真的就止步于这个 A 等了吗？

答：多次考试是给学生更多的机会，让学生减轻压力，更好地发展自己，而不是考完就代表学习的结束。

以潍坊文华国际学校为例，对于提前获得 A 等的学生，本着学生自愿、自主选择的原则，在自己提出、家长签字的情况下，向学校提出申请，可以离开学科课堂，自主选学本学科拓展内容或其他科目内容；也可到自己选择的老师的课堂上插班听课。当然，自主研修必须在新授课结束后进行。

为了适应不同层次学生的需要，潍坊市的初中学校设立学生自修室、走廊开放区、图书馆交流区，作为学生自修的场所。学校为学生的自修场所配备了黑板、课桌椅、电脑等设备，方便学生的学习。

对于愿意进行自修的学生，学校通过调查问卷的方式与学生探讨，制定了自修制度：自主研修的学生要按照自己的研修计划，在规定的时间，到规定的地点（自修室）签到研修；学校对全年级报名学生进行统筹安排；考勤由年级主任和学部委员负责，学生签到自修；无故不到者，视为旷课，三次旷课，取消自主研修的资格。

针对自修，学校还配备了指导教师。指导教师负责指导自主研修的学生顺利完成研修任务。指导教师除正常上课外，每半天至少到研修室巡查一次，帮助研修的学生解答问题和疑惑，随时调控研修进度，解决学生学习中的困难和需求。每月由指导教师对自主研修的学生的研修内容进行质量跟踪和评价，对研修计划进行调整。同时，学部组织学生对研修导师进行评价，对评价不合格的老师，取消其导师资格。

各个学校针对自己学校的具体情况，都对学生的自主研修做了合理的安排，并在实施过程中不断改进和完善，打消了学生、家长和老师的顾虑，为学生的长远发展奠定了基础。

真正的教育既不是平均主义，所有学生"一刀切齐步走"，也不是只强调"一个都不能少"而让"领头羊"待在原地不动。"多次考试"的智慧，对自主研修的制度设计，让"领头羊们"有了自由向前跑的自由。让优秀的学生更优秀，本也是因材施教的应有之义。潍坊教育人的创举，把希望变成了现实。

■ 等级表达，让考试如此坦然

中华人民共和国教育部
Ministry of Education of the People's Republic of China

教育部办公厅关于印发《国家基础教育课程改革实验区2004年初中毕业考试与普通高中招生制度改革的指导意见》的通知

教基厅［2004］2号

辽宁、河北、内蒙古、山东、山西、湖南、福建、广东、海南、广西、贵州、四川、黑龙江、重庆、青海、宁夏等省、自治区、直辖市教育厅（教委）：

根据《中共中央国务院关于深化教育改革 全面推进素质教育的决定》和《国务院关于基础教育改革与发展的决定》的精神，加快中小学评价与考试制度的改革，是建立基础教育新课程体系、扎实推进素质教育的关键环节。2004年，在17个国家基础教育课程改革实验区将有首批使用新课程的初中生面临毕业和升学，为保证基

· 初中毕业生学业考试是义务教育阶段的终结性考试。考试结果既是衡量学生是否达到毕业标准的主要依据，也是高中阶段学校招生的重要依据之一。

· 初中毕业生学业考试成绩应以等级制的方式呈现。根据各学科课程标准的基本要求确定合格标准；等级数和等级标准由各地根据考试结果，并结合当地的实际情况确定。

等级制、分数制的十字路口

目前，在全国大多数地区，中考仍然沿用分数制。也有一部分地区实行过等级制后又改回分数制。潍坊市自2004年新中考改革伊始，就全面实行了等级制，让学生、教师和家长真正告别了"分分计较"的状态。

十余年坚守，潍坊教育人已经愈来愈感受到其益处。下面我们就来看看潍坊的学业成绩的"等级表达"。

什么是"等级表达"

2004年，潍坊市所辖高密市首批进入新课改实验的初中毕业生参加中考，从这一年起，学生的中考成绩条中已经看不到分数，取而代之的是各学科的等级，没有总分和名次。

这就是潍坊中考改革的重要举措——中考成绩"等级表达"。

各科均按考试成绩划分为5个等级，原则上得分为满分的90%（含）以上者为A等，90%以下至80%（含）为B等，80%以下至70%（含）为C等，70%以下至60%（含）为D等，不足60%的为E等。假如一个学科的满分为100分，则各等级原始成绩分布如下图。

准考证号	姓名	语文	数学	英语	物理	化学	历史	思想品德	综合素质	理化生实验	信息技术	体育	音乐	美术
050100001	丁××	A	B	A	A	B	A	B	A	A	B	B	A	A

准考证号	姓名	语文	数学	英语	物理	化学	历史	思想品德	综合素质	理化生实验	信息技术	体育	音乐	美术
050100011	徐××	A	A	B	A	A	A	A	B	B	B	A	B	A

准考证号	姓名	语文	数学	英语	物理	化学	历史	思想品德	综合素质	理化生实验	信息技术	体育	音乐	美术
050100044	孟×	C	C	B	C	C	A	D	A	A	A	A	A	C

学生成绩单

学业成绩的等级划定办法

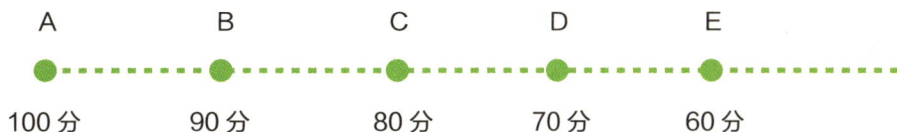

A	B	C	D	E
100分	90分	80分	70分	60分

如果按分数划分 A 等不足 15％、B 等不足 20％、C 等不足 30％、D 等不足 20％时，则按第二种办法划分等级，即按照考试人数 15％、20％、30％、20％、15％ 的比例划分 5 个等级。

等级划分以县、市、区为单位分别进行。

"等级表达"的发展历程

"等级表达"在改革的过程中不断试验、改进和完善，历经 5 年时间调整，到 2009 年固定下来并延续至今。潍坊市教育行政部门坚定地认为，一分之差并不能真正反映学生的实际能力及素质差异。因此，等级表达制度从 2004 年开始实施至今，成为潍坊中考改革的基本制度之一。

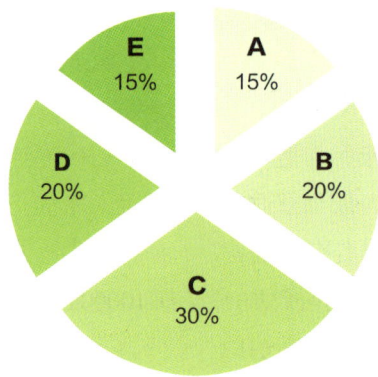

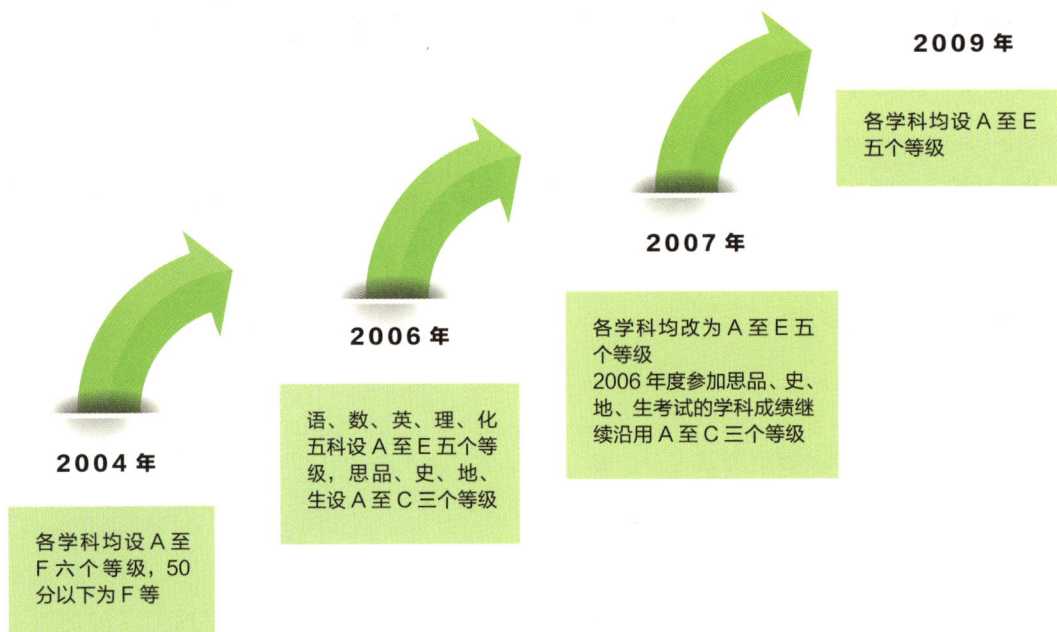

2004 年
各学科均设 A 至 F 六个等级，50 分以下为 F 等

2006 年
语、数、英、理、化五科设 A 至 E 五个等级，思品、史、地、生设 A 至 C 三个等级

2007 年
各学科均改为 A 至 E 五个等级
2006 年度参加思品、史、地、生考试的学科成绩继续沿用 A 至 C 三个等级

2009 年
各学科均设 A 至 E 五个等级

"等级表达"的益处

不少人疑惑：多次考试还可以理解，但为什么不用分数而用等级？

有些人追问：等级也是分数换算出来的，等级与分数有什么区别吗？

当然有区别。

如果一个县当年有10000名初中毕业生，按照改革前的"唯分数"录取办法，有且仅有一个"成功者"，其他9999名考生，全都是失败者，包括可能只差0.01分的第二名。而"等级表达"则全然不同。

第一，避免"分分必争"，学生心理与课业压力大减。

考90分，考95分，考100分，在"等级表达"中都是A等，这使学生没有必要在这一个分数段内去追求最高的分数。这样既可以大幅度减缓学习的焦虑和恐惧，又可以让学生拿出更多的精力去发展兴趣、特长，从而使学生的学习与生活更加丰富多彩，综合素质得以更好地发展。

"等级表达"使学生和教师都如释重负。2012年，潍坊对市区4校486名初中学生、120名初中教师进行了抽样调查，结果显示65.56%的学生认为"等级表达"缓解了压力，68.34%的教师认为减轻了对分数的过度追求，有利于学生身心健康。

A=90=95=99=100

学 生
65.56%

教 师
68.34%

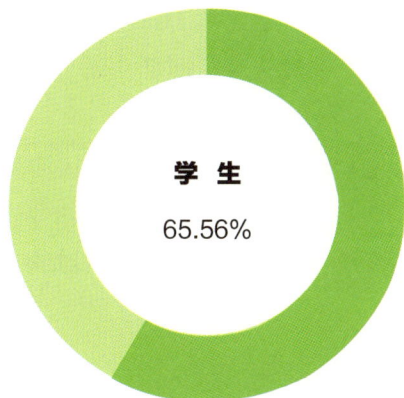

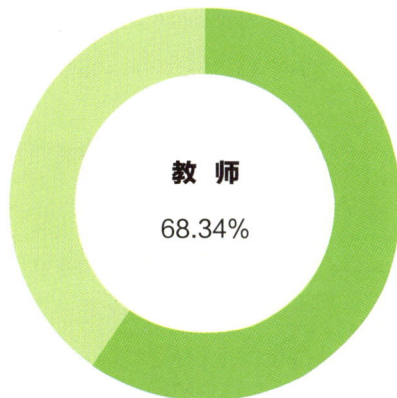

"等级表达"缓解了压力，减轻了对分数的过度追求

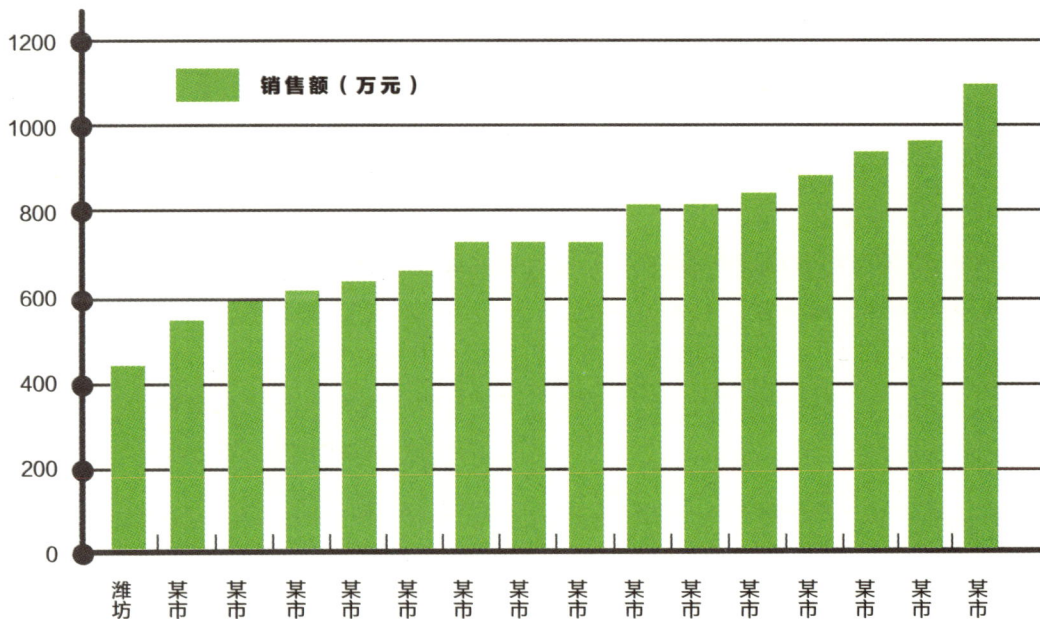

2012年山东省新华书店各地区教辅销售情况统计

山东省新华书店内部的一组销售数据统计显示，人口大市潍坊新华书店系统教辅销售额连年在全省最低。成绩"等级表达"使学生从"题海"与"资料大山"中走出来。

第二，学生的学科优势凸显，众多学生找到自信。

实行分数制时，每个学科只有一个第一名；而等级制下，每个学科都有至少15%的A等。原来在总分掩盖下很难看出学生哪一个学科具有优势，"等级表达"使学生的学科优势凸显出来，自身潜能一目了然。

2005年，有48.8%的学生至少有一门学科获得A等；2014年中考统计，有72.5%的学生至少有一门学科获得A等。这说明实行等级制后，学生压力虽然减轻了，但学业水平、质量并没有降低，而且有大幅度的提升。

这不仅让潍坊更多的学生得到成功的激励，找回了学习、成长的自信和快乐，也让潍坊教育人享受到新中考制度改革成功的喜悦。

准考证号	学籍号	姓名	综合素质	语文	数学	英语	物理	化学	体育与健康	思想品德	历史	地理	生物
1001003**	200737070300021202**	王×	A	A	A	A	A	A	A	A	A	A	A
1001003**	200737070300021204**	牟××	A	A	A	B	A	A	A	A	A	A	A
1001003**	200737070300021204**	陈×	B	B	B	A	B	A	A	A	A	A	A
1001003**	200737070300021204**	陈×	B	A	B	A	B	B	A	A	B	B	B
1001003**	200737070300021204**	陈××	B	A	B	A	A	A	A	A	A	A	A
1001003**	200737070300021204**	王××	B	D	D	C	D	D	A	D	C	D	D
1004000**	200737070300021200**	于×	B	D	D	D	D	D	A	D	D	D	D
1004000**	200737070300021200**	钱××	B	C	A	D	C	C	A	C	C	C	C
1004000**	200737070300021200**	刘××	B	C	B	B	B	B	A	B	A	A	C
1004000**	200737070300021200**	孙××	A	B	A	B	B	B	A	C	C	B	B
1004000**	200737070300021200**	孙××	A	C	A	C	A	B	B	C	A	A	C
1004000**	200737070300021200**	孙××	A	A	B	A	A	A	A	A	A	A	B
1004000**	200737070300021200**	张××	C	E	E	E	E	D	A	E	E	D	E
1004000**	200737070300021200**	任×	A	C	C	C	D	D	A	C	B	B	C
1004000**	200737070300021200**	李××	B	C	C	C	C	B	B	C	B	B	C
1004000**	200737070300021200**	王××	B	C	D	B	D	C	B	B	B	C	C
1004000**	200737070300021200**	徐××	D	D	E	D	E	E	B	D	E	D	E

至少有一科是 A 等的学生所占比例

第三，总分、名次概念退出，实现了群体的成功。

学科分数等级化，没有了总分概念，更没有了名次之说。用分数表达成绩，第一名只有一个，用等级表达成绩，只要各科成绩均为 A 等，就都是"状元"！从 2013 年全市中考情况来看，全 A 生在 1000 人左右，也就是说同样是中考，潍坊实行成绩"等级表达"，就产生了 1000 个"第一名"。这对学生的激励是何等之大啊！

第四，课程没有了主、副科之分，保证了课程开足开全。

各学科成绩分别用等级呈现，同等划分等级，每一门学科都很重要，不再有主、副科之分，所有课程都在学生和家长的监督下开齐上足，有效实施。各学校努力开齐、上好国家课程和地方课程，结合自己的办学特色和地域特点积极开发校本课程。

第五，"等级表达"被普遍接受，延伸到日常考试评价。

2009 年，潍坊市教育局转发高新区文件，在全市推广其"日常考试无分数评价"的做法，标志着中考成绩"等级表达"举措成功向日常考试和小学段的深层次延伸，再次表明"等级表达"深受教育系统内部和广大家长及社会的认可。

潍坊广文中学的课程体系

广文课程

国家课程：语文　数学　英语　物理　化学　地理　生物　思品　历史　体育　美术　音乐　信息技术

活动课程：离校课程　演讲与口才课程　主题教育课程　「阳光60」课程　节日课程　社团课程　实践课程　国旗下讲话课程　班会课程　入校课程

学校特色课程：
- 实践与探究系列：国际游学　环境教育　安全教育　学科素养　课前演讲十分钟　晨读午练晚省
- 文化系列：基于学科开发　传统文化　广文背诵四百篇　广文精神　广文文化节　外国文化节
- 大家系列：人生规划　大家作品　世界大家　中国大家　广文大家

潍坊广文中学历来重视学生素质的全面发展，基于"适才教育，助每个学生走向成功"的办学理念，学校构建了"三位一体"的课程体系：生本化的国家课程，夯实学校素质教育的基根；特色化的学校课程，铸就学校素质教育的特色；个性化的活动课程，助推学生自主特长发展。广文中学历届毕业生都以学业优异、综合素质全面备受各高中学校青睐。

潍坊市教育局办公室文件

潍教办学〔2009〕67号

关于印发《高新开发区文教局开展中小学
日常考试无分数评价的探索》的通知

各县市区教育局，市属各开发区文教局、教学中心，有关直属单位，学校：

现将高新开发区文教局《开展中小学日常考试无分数评价的探索》印发给你们，供学习借鉴。

希望全市各级教育部门和中小学校认真贯彻《山东省普通中

改革延伸到日常考试中

链接

潍坊市义务教育阶段"日常考试无分数评价"操作方法

日常考试的学科范围包括：小学语文、数学、英语3门考试课程；初中语文、英语、数学、物理、化学、生物、地理、历史与思想品德9门考试课程。其余，小学品德与生活、品德与社会、科学；小学、初中的音乐、美术、体育与健康等课程，综合实践活动、地方课程、信息技术等仍然按照相应的考查规定执行。

中小学日常考试无分数评价属于教学过程中的诊断性评价，通过取消百分制，以质性评价取代量化评价。它区别于大规模的常模参照考试，属于目标参照性考试。就是把学生的日常学习和认识活动的进程和结果，与自我拟定或他人帮助确定的学习目标相对比，确定已经达到的学习水平，明确与既定学习目标之间存在的距离，分析其具体原因，有针对性地加以改进，以便体验成功、收获经验、得出教训。实施无分数评价要求每次日常测试后，学校、班级不得公布学生的考试成绩，不按学业成绩排列学生名次。

日常考试无分数评价的着力点重在发挥评价的激励、导向、诊断、改进功能，引领和帮助中小学生正确认识自我、建立自信、不断超越。无分数评价要求教师与学生共同实现四个关注：一是关注目标达成。即关注应当掌握的知识掌握了没有，应当历练的能力形成了没有，能对照学习要求做出判断。二是关注经验生成。即要求学生对于学习中做正确的题目，不仅仅停留在把题做对了，还要从中悟出学习的规律，以便实现更大范围内的正迁移。三是关注错误矫正。要求学生对做错的题进行科学的归因，找到问题的症结，将错误改正过来。四是关注后续学习。开展在教师引导下的自主学习、兴趣志向引领下的超前学习、任务驱动下的合作学习与适合个人特点的个性化学习。

没有了分数和名次，考生们不必再去为争夺"第一"而焦虑，所谓的"中考状元"也找不到了。分数和名次就这样消失在了潍坊中考的舞台上。

问 与 答

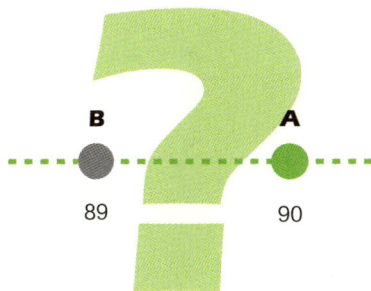

①一分之差不能真正说明学生的差异，有时却因1分而被划分为两个等级，"等级表达"是否科学？

答：分数是精确的等级，等级是模糊的分数。等级制不能解决全部学生的问题，但对处在两个等级分数临界点附近的两部分学生来说，划到高等级的这部分学生，等级制度减轻了他们的焦虑（这部分是主流）。对因一分或几分之差被划到低等级的学生来说，由于设计了多次考试制度，学生还有弥补的机会。

②使用"等级表达"，区分度是否能满足高中录取需要？会不会出现相同等级学生并列太多、无法录取的情况？

答：从潍坊市实践看，高中以县（市）区为单位划片招生，等级划分也在相同的范围内进行。各区域相对独立，每个区域初中毕业生基本维持在1万名左右，在这个数量范围内，实践中迄今未发现大量学生学科成绩完全相同，导致无法录取的情况。有时会出现两三位学生成绩完全相同的情况，这时会及时调整招生计划，全部录取。

3 | 综合素质成"大主科"

综合素质评价是潍坊中考改革中的一项关键性改革。

要弄清楚这个问题，首先就要弄清楚"为什么评"、"评什么"、"谁来评"、"怎么评"、"结果怎么使用"、"如何保障公平公正"这六个问题，这是确保评价科学、准确的大事，也是确保评价结果能够纳入中考录取的根本所在。

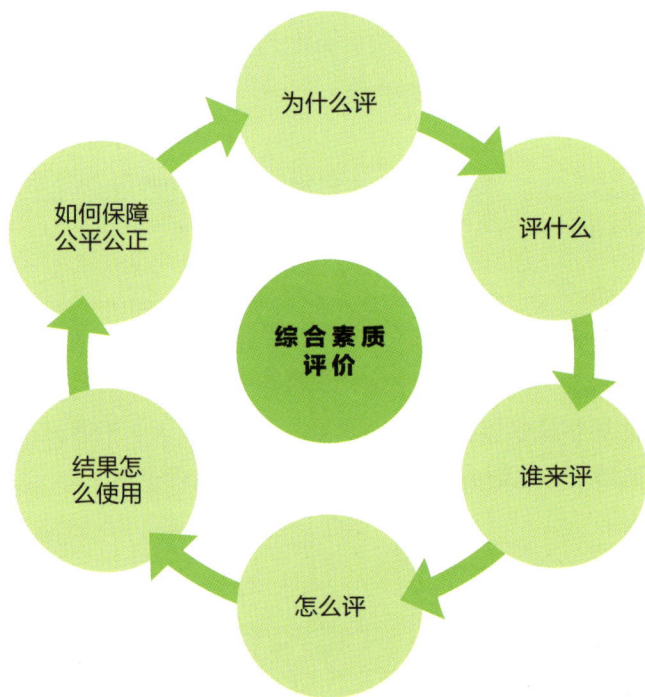

过程评价	日常评价	过程养成，立德树人
阶段小结	学期评价	
总结评价	毕业评价	评价等级，纳入中考

与语、数、英等值，成为"大主科"

综合素质评价不可能是初中三年结束时的一次评价，而是贯穿于初中三年的一个过程，通过日常评价和阶段性总结得出每个学期的评价结果，然后汇总六个学期的评价结果得出毕业总评价。毕业评价的等级与语、数、英等级等值纳入中考录取。综合素质评价在中考中一下子提到了举足轻重的地位，成为潍坊中考系列改革中的一个重大改革工程。

日常评价怎么评？如何根据日常评价进行学期评价？学期评价如何合成毕业评价？如何解决好过程评价与终结评价的关系？……这些都是关系到评价是否科学与准确的大事！

■ 为什么评

一把尺量所有的学生，人为制造了不少"差生"

学生的道德素养、交流与合作能力、创新与实践能力等是很难以纸笔测验的方式来进行评价的。我们平时倡导立德树人，但在中考时又无法体现，这就使教师对日常教育有所放松，教育效果也大打折扣。潍坊的中考改革力求克服这一弊端，于是实施了综合素质评价。

有的人认为综合素质评价太复杂，不好做；有的人认为没有必要，还是考试最好。潍坊教育人不这么想，他们认为实施综合素质评价益处多多，把综合素质评价看成是基础教育评价体系的重要组成部分，是全面贯彻党的教育方针，深化素质教育，有效落实立德树人根本任务的重要举措。他们并不只着眼中考，而是把视野遍及整个教育教学。

潍坊市教育局办公室文件

潍教办字〔2014〕1号

关于进一步做好初中学生
综合素质评价工作的实施意见

各县市区教育局、市属各开发区文教局（教管中心、教育办）：

综合素质评价受到了重视

《基础教育课程改革纲要（试行）》指出："建立促进学生全面发展的评价体系。评价不仅要关注学生的学业成绩，而且要发现学生多方面的潜能，了解学生发展中的要求，帮助学生认识自我，建立自信，发挥评价的教育功能，促进学生在原有水平上的发展。"

可以说，评价本来就有诊断的功能。但传统的中考却异化了评价的功能，因为综合素质评价不纳入考试，直接导致了学校的培养以考试为法宝，以分数为圭臬！这不仅忽视了评价的育人功能，和国家课程改革纲要倡导的精神也是相违背的。

- 有利于改进人才和教育质量观念，创新人才培养模式；
- 有利于提高学生的综合素质，促进学生全面发展、健康成长；
- 有利于引导家长、社会逐步树立正确的人才观和质量观，营造良好的育人环境；
- 从根本上解决课程课堂改革难落实、初中学生教育管理难度大、诚信体系难建立等突出问题。

■ 评什么

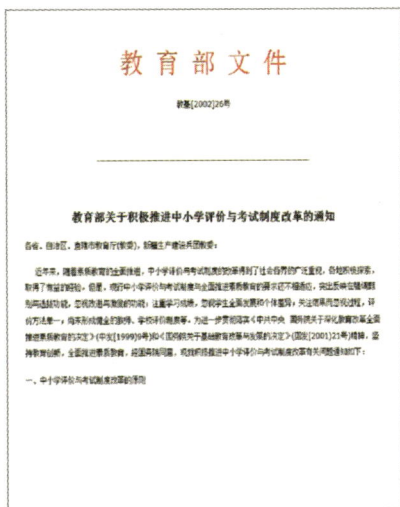

**学生素质基础性
发展目标：**

道德品质
公民素养
学习能力
交流与合作
运动与健康
审美与表现

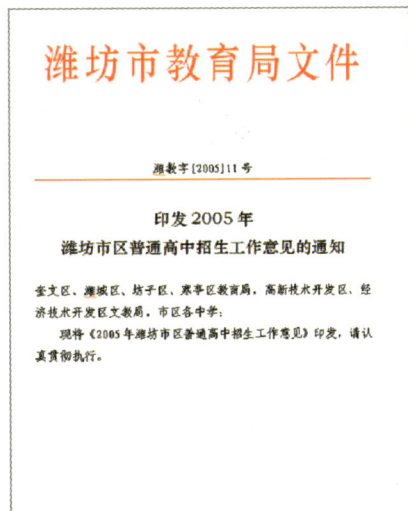

六个维度：

道德素养
学习能力
交流与合作
运动与健康
审美与表现
创新与实践

潍坊市根据《教育部关于积极推进中小学评价与考试制度改革的通知》（教基[2002]26 号）提出的综合素质评价六个维度的基础性发展目标，定位综合素质评价的内容，结合地区和学校实际略做调整，合并道德品质与公民素养为一个维度，增加了创新意识与实践能力维度。

综合素质评价是将学生在校三年内能反映个人道德素养、学习能力、交流与合作、运动与健康、审美与表现、创新与实践六个维度发展状况的内容，进行全面的评价，重点关注素养和能力的提升。

为提升评价的可操作性，潍坊市将六个维度的评价内容细化为 19 项关键要素。每一项要素如何与学校教育实践和学生生活密切结合，则需要学校根据实际由师生协商确定。

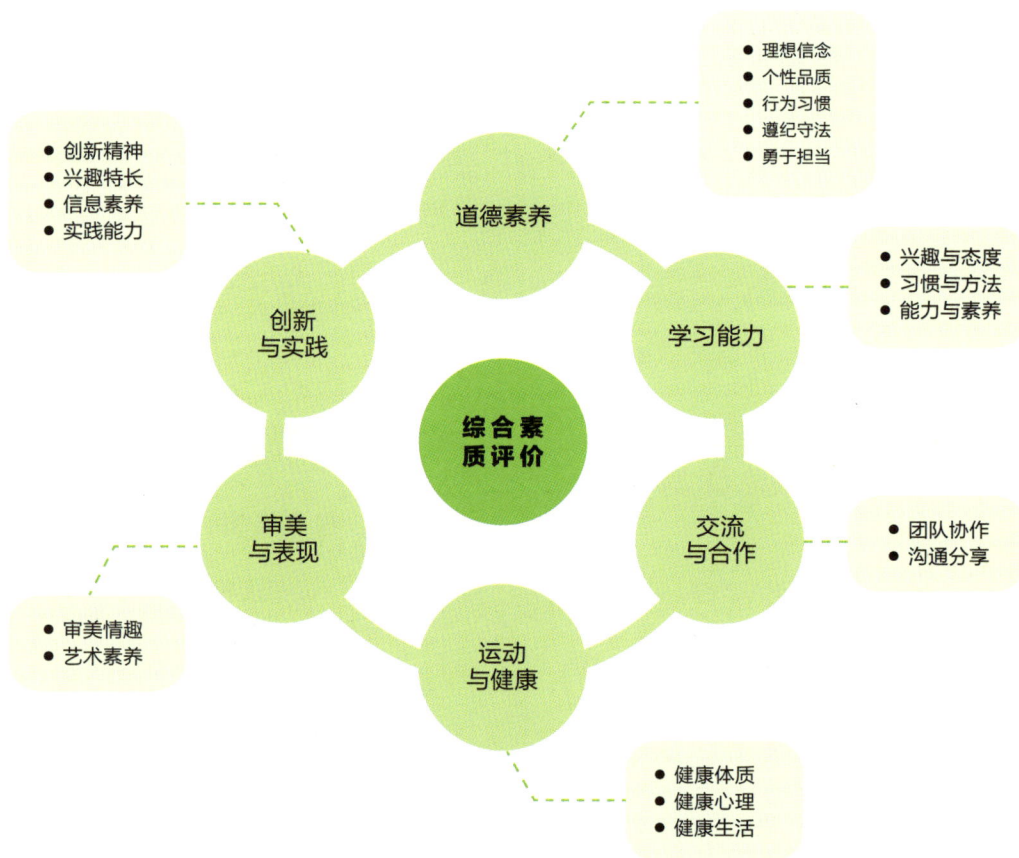

● 理想信念
● 个性品质
● 行为习惯
● 遵纪守法
● 勇于担当

● 创新精神
● 兴趣特长
● 信息素养
● 实践能力

道德素养

学习能力

● 兴趣与态度
● 习惯与方法
● 能力与素养

创新
与实践

综合素质评价

交流
与合作

● 团队协作
● 沟通分享

审美
与表现

运动
与健康

● 审美情趣
● 艺术素养

● 健康体质
● 健康心理
● 健康生活

六个维度，19 项关键要素

- 重"德"重"智"，让人才德才兼备；
- 重"体"重"美"，塑造具有更强体格和更深涵养的现代人；
- 重"合作"重"实践"重"创新"，培育适应、引领、主宰未来的"能人"。

潍坊综合素质评价的关键在于六个维度的评价同等重要，绝不厚此薄彼。若有轻重倾斜，则失综合评价本义。

2013 年，教育部《关于推进中小学教育质量综合评价改革的意见》提出了从五个方面对学校进行质量综合评价的指标体系，被业内人士称为"绿色评价"体系，同时意味着我国中小学教育进入"绿色 GDP"时代。

潍坊的综合素质评价自 2004 年试点，2005 年形成体系，让潍坊教育提前若干年进入了"绿色 GDP"时代。

实施综合素质评价，既关注学生的学业水平，又关注品德发展和身心健康；既关注共同基础，又关注兴趣特长；既关注学习结果，又关注学习过程和学习效益。其积极作用是不言而喻的。

当然，要实现真正的教育"绿色 GDP"，还需要协同推进相关改革。比如，深化课程改革，丰富校园文化活动，促进学生全面发展和个性发展；比如，深化考试招生制度改革，加快建立分类考试、综合评价、多元录取的考试招生制度，使评价和升学的要求相一致，形成推进素质教育的合力。诸如此类。

路，还很长。

品质发展

学业发展

身心发展

兴趣特长

学业负担

教育绿色 GDP 时代

教育绿色 GDP 是教育改革的方向

■ 谁来评

教师

班主任　　学生　　同学

家长

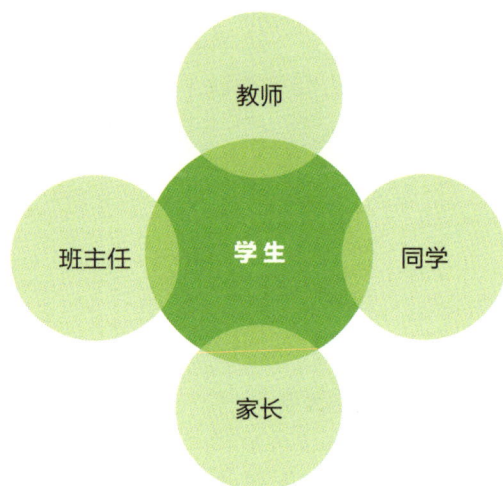

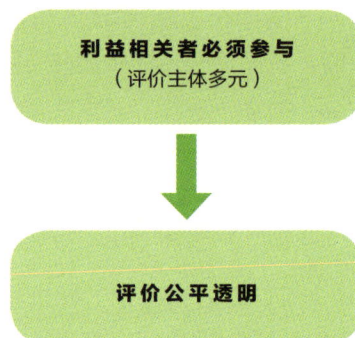

学生评价都跟谁有关系？

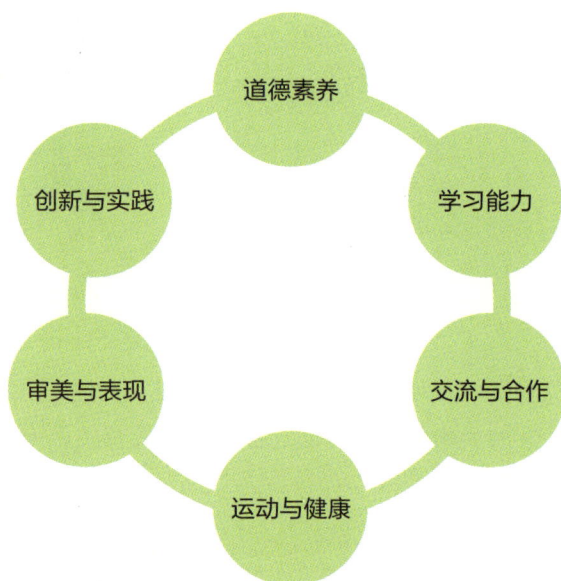

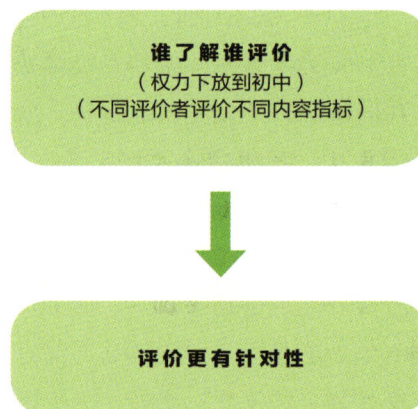

利益相关者必须参与
（评价主体多元）

↓

评价公平透明

道德素养

创新与实践　　　　学习能力

审美与表现　　　　交流与合作

运动与健康

利益相关者如何参与评价？

谁了解谁评价
（权力下放到初中）
（不同评价者评价不同内容指标）

↓

评价更有针对性

让评价科学准确

综合素质评价，教师似乎是当然的评价者，但一元化的教师评价未免会被质疑为"独裁"。评价牵动着每一个学生，学生是利益的直接相关者；评价也牵动着学生的家长，家长是利益的重要相关者。只有让利益相关者都参与到评价中来，评价才可能透明、公平。多元评价主体如何参与？是对所有指标都进行评价还是有所选择？对学生情况不了解，又怎么进行评价？

潍坊市对此有明确的规定：坚持"谁了解谁评价"，由班主任、任课教师、同学、家长等最了解学生情况的人员担任评价主体。提高评价工作的效度和信度，既要避免评价成为某个部门或少数人的行为，也要避免不熟悉学生情况的人员参与评价。各评价主体的评价活动需相对独立，减少相互干预，杜绝主观性、片面性和随意性。

潍坊市在"初中评价、高中认定"试点的基础上，将评价权下放到对学生发展情况更加熟悉的初中学校。权力集中到初中，初中就负全责，校长就有了责任与压力，校长就得去研究如何评价，研究保障制度。

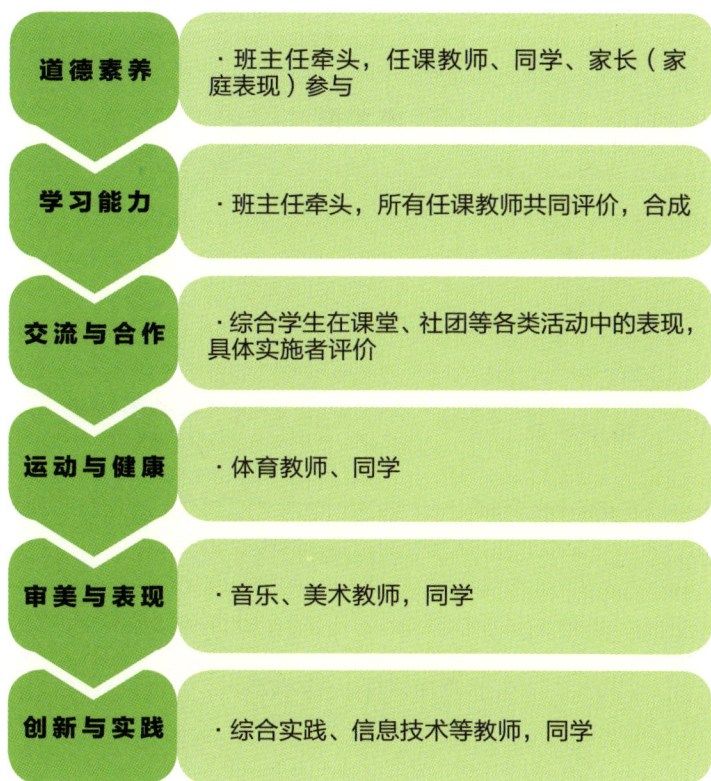

道德素养	·班主任牵头，任课教师、同学、家长（家庭表现）参与
学习能力	·班主任牵头，所有任课教师共同评价，合成
交流与合作	·综合学生在课堂、社团等各类活动中的表现，具体实施者评价
运动与健康	·体育教师、同学
审美与表现	·音乐、美术教师，同学
创新与实践	·综合实践、信息技术等教师，同学

东明中学的综合素质评价主体与内容对照表

潍坊市的初中学校在针对各项评价内容进行评价时，科学确定评价主体，不允许不了解相关内容指标的人参与评价。将六个维度的内容分别交给不同的人来评价，可以说是学校对评价权的进一步下放和分权，权力下放使评价工作更有针对性，分权则降低了评价权相对集中时的复杂性，并使评价者有更多的精力来研究更合理的评价方法。

这样，较之以往教师、学生、家长分别打分模糊评价，责任追究有了更加明确的对象，更有利于评价的科学、公平和公正。

在综合素质评价工作的实施上，潍坊市有一个明确的工作框架，教育行政部门从繁杂的事务中抽身，专事研究，进行顶层设计，将评价权交给初中学校。初中学校根据评价内容和指标，分配给能够深入了解该指标内容的利益相关者进行评价，让更多的人参与评价，关注学生发展。各评价者按指标要求据实评价学生并对评价结果负责，确保评价的结果准确，能够作为中考录取的依据。

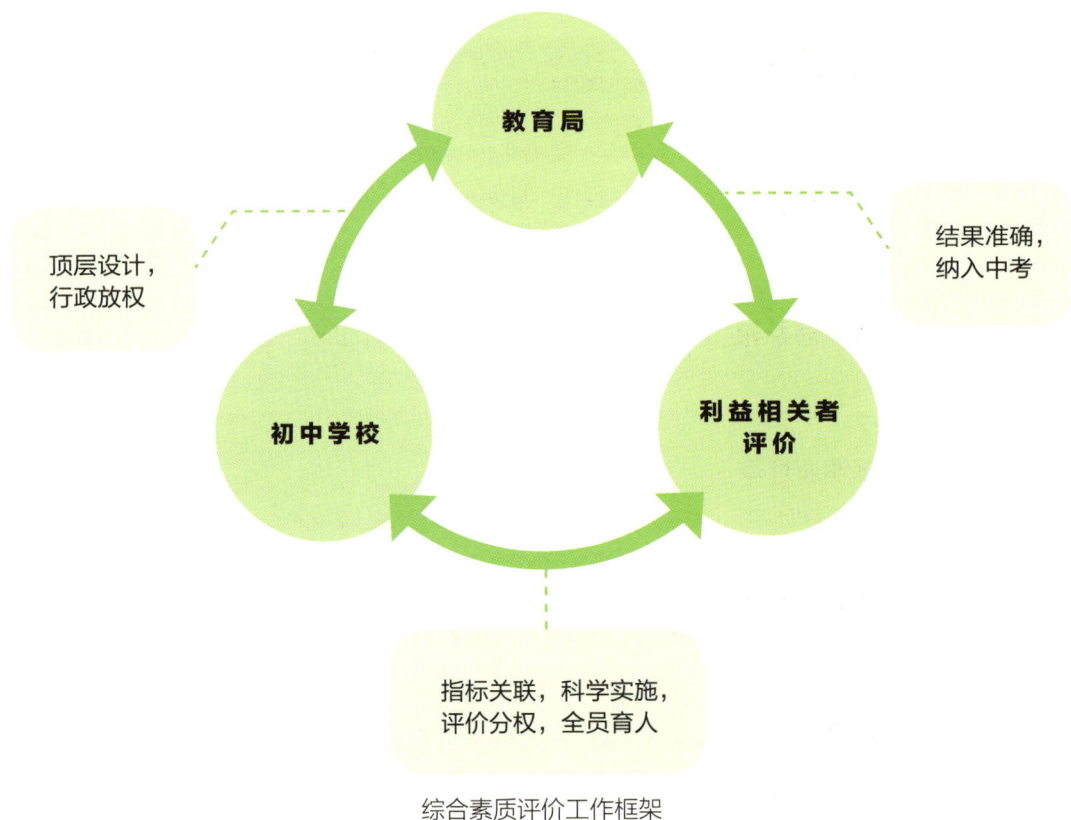

顶层设计，行政放权

结果准确，纳入中考

教育局

初中学校

利益相关者评价

指标关联，科学实施，评价分权，全员育人

综合素质评价工作框架

参与是最好的了解

仅仅有完善的机制和教育行政部门的监督还不够，潍坊还尝试着让家长参与到对学生的评价中，因为，了解的最好方式就是参与。

潍坊把家长直接请到学校，让家长在参与中亲身感受，在体验中自己得出结论。这样真正使综合素质等级认定的标准及录取标准、录取过程等向学生、家长、社会公开，通过家长的参与以及层层公示，让社会监督落到实处。

高密市城南中学搞了一个体育节，学校邀请学生家长和孩子一起到学校参与活动。孩子在活动中取得了成绩，老师当着家长的面，把孩子获得的荣誉证书放进档案袋里，并告诉家长，这个成绩在孩子的"综合素质评价"中，将起到一定的作用。这样一来，家长不仅明白了什么是"标志性成果"，而且亲身体验到参加活动对孩子个性发展的好处，主动要求孩子多参加学校的活动。

家长最关注的还是综合素质成绩的核算和等级鉴定的最终环节。对此，每月、每学期、每学年的学生综合素质成绩单，都由家长签字认定，有异议随时提出。初三毕业前，学校邀请家委会代表和学生代表主持综合素质等级的核算评定。

在潍坊文华国际学校初三毕业生的综合素质评价中，一个孩子所在班级获得 A 等名额有 16 个，而这个孩子的最终评定结果是第 18 名，综合素质评价确定为 B 等。虽然只差不到一分，但由于亲历了评价过程，其家长说："这样透明的评定方法，评价结果我完全接受。"

文华国际学校学生每人都有自己各自的综合素质档案夹，每周一评、每月一汇总、每学期一总评，各项内容公开透明，班内学生之间没有任何异议。每月评价后学生都会拿回结果，家长知晓并签字。起初，有些家长可能有不明白的地方，但经过孩子及班主任对评价方案的讲解，大家对结果都能够接受。

■ 怎么评

日常评价 → 学期评价 → 毕业评价

综合素质的评价方法

初中阶段学生综合素质评价主要由日常评价、学期评价、毕业评价三种评价构成，前一种评价是后一种评价的基础参照。初中三年的综合素质评价贯穿于三年的过程中，绝不是毕业时的一次模糊的、总结性的评价。

日常评价

结合学校常规管理和各类教育活动进行，重点关注学生各维度的常规表现和习惯养成。

建立健全学生成长记录规章制度，明确具体内容、要求和载体。教师要指导学生及时搜集整理并妥善保存参与公益活动、志愿服务、社会实践、科学探究与社团活动等方面具有典型意义的事实性材料。其中，要特别注重记录反映学生社会责任感、创新精神和实践能力的典型材料。可进行写实性描述，保证材料典型、客观、真实，描述有据可查。记录要有重点，可用一个典型事件来反映学生多方面的素质，也可用几件事来反映某方面的突出表现，避免面面俱到、千人一面。教师要充分利用学生成长记录，对学生成长过程进行有效指导。学生成长记录，要定期进行展示、交流。

教师要充分利用学生成长记录，对学生成长过程进行有效指导。

潍坊新华中学日常评价方法

学生日常评价包括班级评价和学校部门评价。

班级评价实行小组日检查、班级周汇总、教导处月公布并定期导入的方式进行。班级、小组对学生的日常评价，主要从主动学习、课堂表现、日常作业、遵守纪律、道德行为、值日卫生、参与活动等方面进行。

学校各部门根据工作职责，分别对学生进行有关方面的评价。

比如，德育处、团委着重评价学生仪容仪表，抽烟、打架、勒索等违纪行为，社会实践、社区服务、社团活动等；总务处着重评价学生的公物使用情况等；办公室着重评价学生投稿、宣传、对学校的贡献情况；教导处着重评价学生对学校组织的各级各类活动的参与情况……

学期评价

维度	道德素养	学习能力	交流与合作	审美与表现	运动与健康	创新与实践
单项标志性成果						
等级评定						
评价人签字						
综合标志性成果						
综合评定等级					学校签字（章）	

如上图所示，学期评价就是综合考量学生的道德素养、学习能力、交流与合作、运动与健康、审美与表现、创新与实践六个维度的发展情况，以日常评价为基础，重点关注素养和能力的提升水平。评价方式主要由各维度的主评人组织学生自评、家长评价、学生互评、任课教师评价等，从不同的维度和指标进行评价。每一项都有负责主评人的签字，做到有人负责，有案可查。

反映学生各方面发展情况的标志性成果，可以纳入相关维度的评价，也可以根据实际情况单列。

标志性成果评价，曾经单列于各种评价之外，是综合素质评价重要的一项内容和评价方式，曾作为高中认定初中学生综合素质评价的主要依据。在潍坊市将评价权下放到初中学校之后，高中学校无须以此为据，遂淡化了标志性成果评价。

为减轻学生负担，确保公平，潍坊市规定，学生参加社会培训机构组织的培训所取得的成果，不纳入综合素质评价依据。

毕业评价

毕业评价就是将学生6个学期的评价结果分别按一定权重计算，累加得出结果。

下表是某校综合素质评价用的"毕业评价"表，显示了以下信息：

① 毕业综合评定等级是由初中6个学

潍坊市 "标志性成果"的范围

潍坊市明确了"标志性成果"的范围，包括如下15类：

1. 人生规划成果；2. 三好学生或优秀学生干部；3. 社区服务组织者；4. 社会实践成果；5. 学生社团负责人；6. 研究性学习成果；7. 电脑制作等比赛获奖；8. 科技创新成果及研究报告；9. 学校科技节、体育节、艺术节及文艺会演中获得的成绩；10. 学校组织的中华诗文诵读、百家讲坛、学生论坛、辩论会、演讲会等，以及摄影展、书画展、征文等比赛的获奖成果；11. 校报、校刊负责人及节目主持人；12. 刊物上发表的文章及作品；13. "朝阳读书计划"成果；14. 中学生运动会，获单项奖或集体奖的获奖成果；15. 特殊才能展示成果。

社会培训机构授予的成果，不在本范围。

标志性成果的评价赋分办法是：

按市级及以上、区级、校级，分级计分。综合类：市级及以上10分，区级6分，校级4分；单项类：市级及以上6分，区级4分，校级1分。

同类称号取最高级赋值。

期的学期评价等级合成的；

② 初一、初二、初三各个学期在毕业评价中所占比例由低到高，表明注重学生的发展性。

③ 避免集中突击评价，以及只进行学期评价或毕业评价而忽视日常评价的现象。

项　目	初一（上）C1	初一（下）C2	初二（上）C3	初二（下）C4	初三（上）C5	初三（下）C6
等级成绩	10%	10%	15%	15%	25%	25%
综合评定等级（Σ）	$\Sigma = (C1+C2) \times 10\% + (C3+C4) \times 15\% + (C5+C6) \times 25\%$					

毕业评价表格

■ 评价结果的呈现和使用

2004 年
·在高密市试点探索综合素质评价，"综合实践"纳入中考。

2005 年
·综合素质评价结果用五个等级呈现，作为高中学校录取的参考依据。初中学校进行评价，高中学校依据标志性成果最终认定评价结果。

2008 年
·在潍城区、奎文区、坊子区、寒亭区、高新区等中心城区试点综合素质评价等级与语、数、英学科等级等值纳入中考，实现"硬挂钩"。

2009 年
·在全市推开综合素质评价等级与语、数、英等值纳入中考，全面实现"硬挂钩"。

2013 年
·市区、昌乐县、临朐县、青州市、安丘市试点将评价权下放到初中，取消高中认定。

2014 年
·全面取消高中对综合素质评价结果重新认定；由初中实施评价，并将评价等级调整为 A、B、C、D 四个等级，A、B、C 三个等级的比例为：3∶5∶2，D 等严格控制。

潍坊市在历年综合素质评价改革的基础上，进一步总结经验，减少人为评价的因素，提高评价的科学性，提升评价结果的准确性。

① 学期评价和毕业评价的结果，均采用 A、B、C、D 等级形式呈现。

② 每所初中学校的毕业评价结果，原则上 A 等不超过本校毕业生数的 30%，B 等为 50%，D 等严格控制。

③ 考虑到初中学校的实际差异，对于办学行为规范、教书育人质量高且办学水平督导评估成绩高于平均值的学校，可奖励一定比例的 A 等指标。奖励指标要从严控制，原则上不超过毕业生总数的 3%，奖励部分从 B 等中扣除。

④ 处理好定性与定量的关系。对可以量化的评价内容，采用定量评价的方法；对采用定量评价方法比较困难的评价内容，可采用写实性描述、定性评价。

⑤ 初中学校的综合素质评价结果直接纳入高中招生录取，不再由高中学校认定，并与语文、数学、英语三门学科等值对待。

钱学森著名的"世纪之问"让我们教育人深深思考，教育不仅要教给人知识，还要教给人用知识解决问题的能力以及思考、创新的方法和素养。潍坊市推进综合素质评价，在促进学生全面发展的同时，也关注一些偏才、怪才的发展。

据统计，全市每年都约有 50 名偏才、怪才，或凭借深厚的国学底蕴，或凭借突出的程序设计才能，或凭借创造发明的突出成就，或凭借模特表演方面的突出优势，直接进入高中学习。这都是综合素质评价让他们得利了。

潍坊市为偏才、怪才打开绿色通道的制度创新，让人欣喜。这种对待偏才、怪才的态度，让我们想起了钱钟书，想起了吴晗，想起了臧克家——三位大师当年参加高考，钱钟书数学考了 15 分，另两位干脆就是 0 分。但是，当年的清华大学和青岛大学，慧眼独具，境界高远，敞开宽阔的胸襟接纳了他们，中国文化的天空因此多了三颗璀璨的巨星——有这样的眼光和襟怀，一个民族才可能有大师诞生！

综合素质评价等级也是升学的"硬通货"

李小萌的语、数、英成绩呈梯形排列，分别获得 A、B、C 三个等级，假如只看等级的话，她被潍坊一中录取的可能性微乎其微。但李小萌标志性成果多——四次获得中学生征文大赛一等奖，发表文章十余篇，担任校报主编三年……这些成果，把她的综合素质评价等级一下子拉了上去，获得 A 等。

潍坊新中考规定，综合素质评价等级与语、数、英等级等值对待，而且如果综合素质突出的话，高中学校还会优先录取。于是，李小萌如愿以偿。

综合素质评价给予了学生发展的正能量

牟爱玲是滨海一中一个性格内敛、不善言谈的女学生。初一和初二时，她的学习成绩很差，虽然班内不排名次，她明显地感觉到自己在班内的名次应在 40 名开外，对学习没有信心。

但是她很注意帮助他人，经常替别人擦黑板，早早地到教室开窗打扫卫生，等等。而且这个学生兴趣很广泛，在音乐方面有着很深的造诣，乐器、唱歌样样精通。在初一第一学期的综合素质评价中她被评为了 A 等。这对她鼓励很大，让她重新树立了学习的信心。

初三时，她先后获得了全国中小学生电脑制作一等奖、卫生标兵、优秀学生等荣誉称号。在学生互评、小组评价、教师评价中，她都脱颖而出。最终，由于她综合素质出色，被学校作为推荐生向高中推荐，并顺利通过。

■ 综合素质评价的科学与公平保障

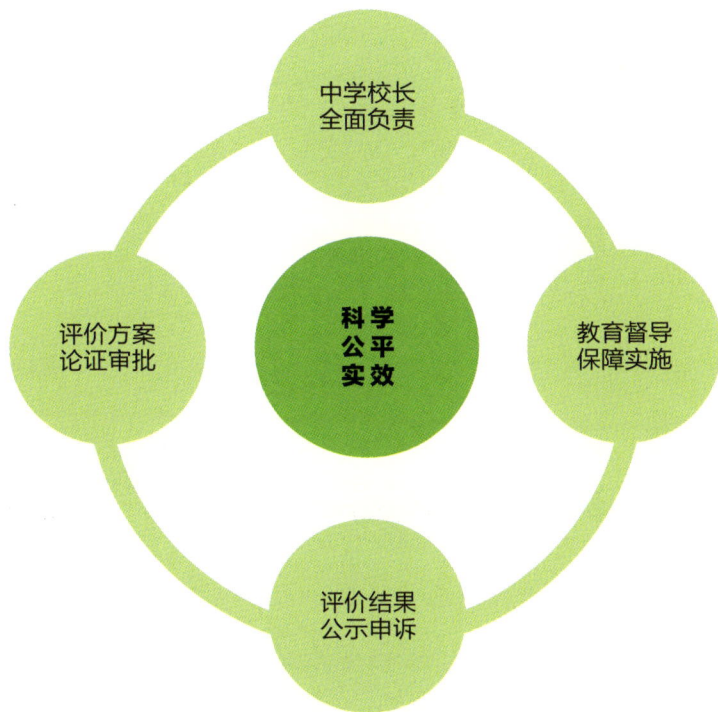

多项保障机制确保评价科学、公平、实效

什么措施能够保障综合素质评价的公平公正与科学？从宏观上来讲，潍坊市建立了一套确保科学、公平、实效的保障机制。

① 评价权下放，初中校长全面负责；

② 评价方案学校制订，区县审批；

③ 建设综合素质评价网络平台，公开透明，防止随意更改；

④ 评价结果逐项公示，接受投诉，实施责任追究；

⑤ 市级教育督导，全面评估落实情况。

科学的方法与严格的工作程序

下图是潍坊新华中学综合素质评价工作的流程图，从这个图中，我们能看到潍坊市通过制度保证评价科学与公平的努力。由此可见，首先要从评价方法与程序上入手，来保障评价的科学与公正。

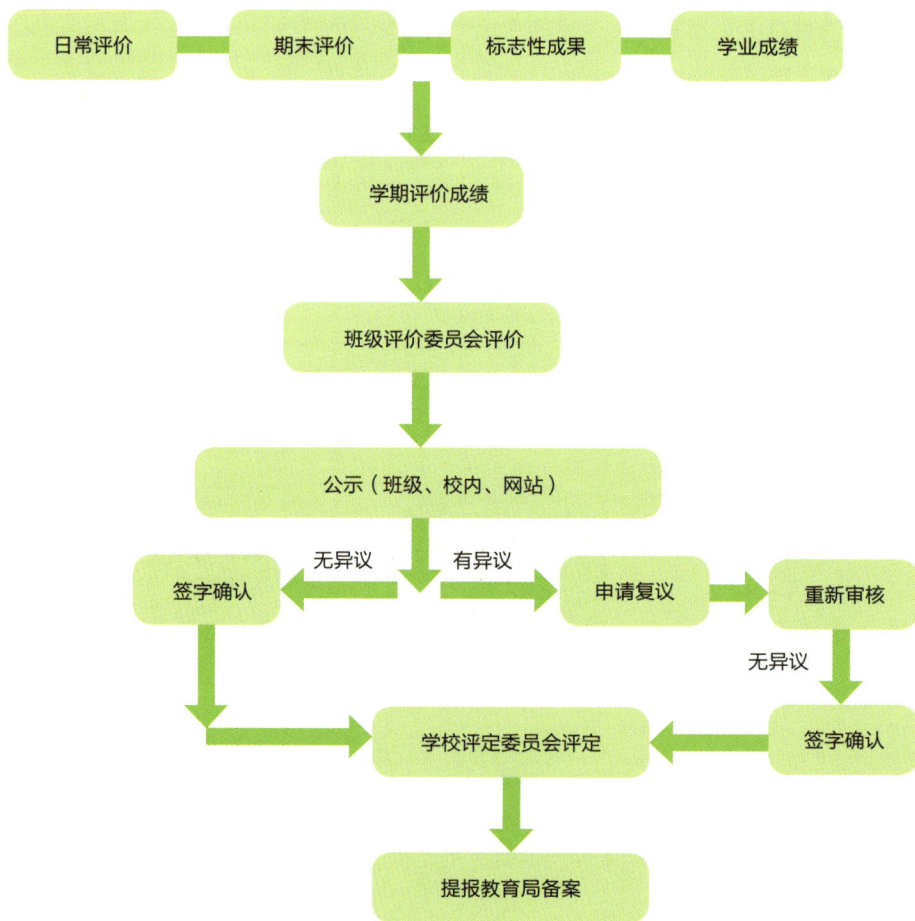

潍坊新华中学综合素质评价工作流程

- **内容有标准,方法有保障。**按照六个维度的评价内容,引入多元评价主体独立进行评价,分权负责,各评价主体不得互相干预。这就有效防止了"以偏概全"、"一俊遮百丑"的现象。谁评价,谁负责,做到责任追究到人,追究到每一个具体环节。哪里出了问题,哪里就能够追究到人,追究到具体违规事项。如果只有责任追究制度,而落实不到人,落实不到具体环节,制度就会落空。从评价方法的设计上就关注公平与公正,是保障评价过程公平与公正的核心。

- **严格程序。**每一个维度的学期评价必须要有评价主体的签字,必须要公示,必须接受学生投诉。譬如有的校长担心让体育老师主要负责学生的运动与健康维度的评价,出了问题怎么办?只要评价者签了字,就有了责任;只要公示了,班级里的学生能发现不公平不公正的现象,一举报,一查就知道是哪里出了问题。不怕有问题,怕的是有了问题找不到具体责任人,成了一笔糊涂账。这是一个严格的流程,一个环节理不清,就会引起连锁反应,变成大问题。

- **信息化管理系统的应用。**在评价中,人总是最重要的因素。在发挥人的积极作用的同时,要防止人为因素造成的不公。潍坊市在推进评价的过程中,开发了统一的网络评价平台,学校将日常评价、学期评价的结果输入系统后,上级教育行政部门就有了备案,其他人就没有进行更改的权力。如果在上传中,确实有失误,一是规定了更改时限,二是规定了更改程序,层层审批,绝不是一个人就能操作的。借助信息化手段,就有效制约和防止了不公平现象的发生。

四级机构保障公平

市:专业研究与推进委员会	专业调研;服务行政决策;顶层设计;推进指导与培训;加强政策宣传……
县:工作指导与监督委员会	制定相关规章制度;论证、审批学校评价方案;加强过程性监督;接受咨询、申诉;查处违规行为……

校：评价工作委员会	制订学校评价方案；组织实施评价工作；指导评价工作；督促评价结果的公示、认定；受理咨询和投诉；解决评价工作中出现的问题……
班：评价工作小组	进行学生评价培训；指导学生做好成长记录；组织开展班级评价工作；汇总整理有关评价数据；组织学生进行标志性成果的展示、交流及认定；解答学生与家长的咨询……

四项工作制度保障

修订和审批制度	学校要定期修订完善评价方案；修订方案须经 85% 以上的家长同意；报县市区教育主管部门论证、审批；经审批通过后组织实施。
公示和备案制度	通过"潍坊市中小学公共信息平台"公示评价机构人员构成及其职责、评价方案等；每学期评价成绩公示与备案；毕业评价结果公示需同时公示各学期评价结果。
举报和申诉制度	学生、家长、教师和其他社会人士均可对存有异议的评价向学校工作机构举报或申诉；如对办理结果仍不满意，可向县市区评价工作指导监督委员会举报或申诉；县市区和学校应详细记录各项举报、申诉，认真办理，并将办理情况及时反馈给举报人或申诉人。
诚信制度	各级评价机构均应健全综合素质评价诚信制度；为评价者（单位）建立信用记录，签订诚信承诺责任书；信用不良的人员逐出评价队伍，不得参与评价工作；加强学生诚信教育，教育学生在自评、互评中做到客观公正；引导家长积极支持学校做好评价工作，指导学生做好自我评价，不为学生提供虚假证明。

问 与 答

① 综合素质评价不像考试学科，是经过考试考出来的，而是人评出来的。这样评出来的结果准确吗？科学吗？能不能作为一项成绩并作为录取的依据？

答：综合素质评价不是凭空评价，而是有着大量的现实的依据。一是依据初中学校对学生的成长记录进行评价，初中学校对学生在校三年期间个人道德素养、交流与合作、运动与健康、审美与表现的发展状况要进行及时的跟踪和评价。比如，课堂表现，日常行为习惯，体育运动会、科技节、艺术节上的表现，快乐大课间中的表现等具体行为都作为评价的依据。

二是依据学生的标志性成果，即学生成长过程中留下的足迹（实证性材料）。比如学生在日常教育教学活动中得到的表扬、表彰、奖励，社会实践活动记录、研究报告类成果等。此外，各种社会实践活动的优秀组织者，担任学生社团的负责人，担任电视节目和文艺活动主持人，担任校报刊的主编、记者，曾在书刊报纸上发表的文学、艺术、论文作品，在演讲、答辩、学术成果展评活动、文学艺术活动、体育卫生活动、研究性学习活动、科技创新活动等各类活动中获得的证书、证件，等等，都是成果的一部分。

三是依据学生参加综合实践活动的表现和学分。对学生参加研究性学习、社区服务与社会实践、劳动与技术教育等方面的综合实践活动情况，潍坊市各初中采用鼓励性评语加学分评价。潍坊市在9个综合实践活动基地开发了探究类、技能类、体验类等5大类200多个"短平快"的综合实践活动课程，学生在基地活动中的表现作为学生综合素质评价的内容之一。

四是依据学生现场的个性化成果展示。对无法用标志性成果表达或表达不充分的潜能、特长，鼓励学生在参加完学业水平考试之后，自愿到报考学校展示自己的才能和特长。各高中学校成立学生个性成果鉴定委员会，通过面试、答辩等途径，对考生的特殊才能进行评定。比如，曲艺、英语演讲、泥塑制作、苗木嫁接，等等，都有机会得到展示和评价。

② 如果有人想借助权力或者金钱等不正当手段提高等级档次怎么办？

答：潍坊市寒亭六中一位班主任说："我们的评价绝对不是一个人评出来的，你如果想在学期评价中作弊，走人情，我统计了一下，你得做通大约15个人的工作，而且还得逃避学校与家长的监督，作弊成本高，几乎不可能。如果想在毕业评价上作弊，那就更难了，你得首先把6个学期的评价结果改了，而学校的规定是一经签字的学期评价是任何人改不了的。"

对于"人为"的综合评价，家长和社会有怀疑是正常的，这些怀疑恰恰促进了对综合素质评价的监督。而潍坊教育人正是在正视怀疑的前提下，把评价的过程理顺，把评价做得细致、公平、透明，才真正让广大家长消除了疑问。除了做得更好，还有什么方法释疑呢？而现在，潍坊市的家长对综合素质评价作为中考录取的依据早已认可了。

4 | 搭建学生成长的"立交桥"

在高校扩招前,高考制度被形象地称为"千军万马挤独木桥"。今天,普通高中的招生比例远远低于大学招生比例,中考成为新的"独木桥"。

中考要服务于高中学校的招生,因此,淘汰一部分学生是中考发挥甄选功能的基本表现。但中考招生制度改革能不能为学生建立一个"立交桥"?当此"独木桥"太拥挤时,学生们可以凭借其他的优势和才能,还有安然"渡河"的机会。

潍坊的中考招生制度改革所确立的"高中自主招生"和"多元录取",就是在选拔与淘汰之前,更多地为学生的成长服务,不让一个优秀学生落榜,从不同的角度尽可能地确保学生走向成功。

是为了淘汰而淘汰,还是立足人的发展而做出选拔和甄别,这是潍坊市新中考与旧中考的本质区别。

基于此,2003年潍坊市教育局出台《潍坊市初中学业水平考试及高中招生录取指导意见》。该意见指出,改革后中考录取权由高中学校来把握,招生权下放到高中,

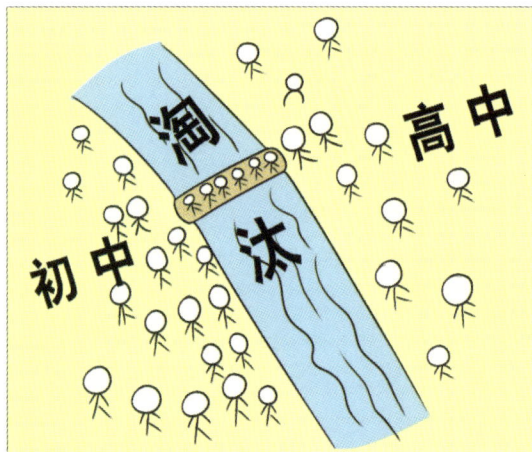

千军万马过独木桥

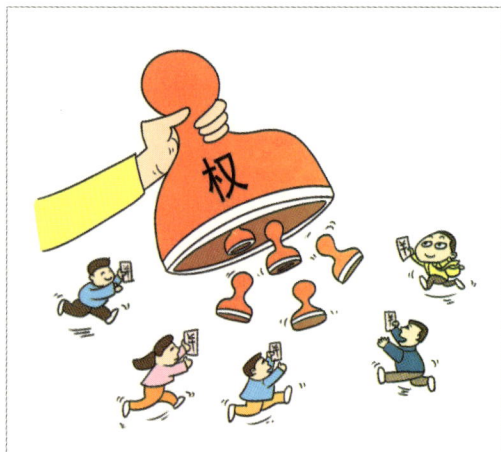

改革的实质就是权利的调整,能不能放权,可以看出改革的力度与深度

中考要服务于高中学校的招生。

学校自定录取方案，自主招生。这就由过去教育行政部门统一划线录取，改为在教育行政部门监督下，各高中学校根据各自的个性发展需求进行自主多元录取。

■ 自主招生：促进学校特色办学

高中招生对教育行政部门来说是很大的一个权力，直接掌握着初中毕业生能不能进入高中，进入哪所高中的命运。

潍坊把这个权力下放给了高中学校。

招什么样的学生，打造什么样的办学特色，高中说了算。

如果把招生比作一场运动会，潍坊市教育局不再做运动员，只做好裁判员。

何谓"自主招生"？

高中录取权力的下放，使高中学校在中

2002年，教育部下发《教育部关于积极推进中小学评价与考试制度改革的通知》，指出了新课程下中考改革的方向：改变以升学考试科目分数简单相加作为唯一录取标准的做法，在初中毕业生学业考试、综合素质评价和高中招生录取三方面寻求突破，实现中考的"一改三突破"。

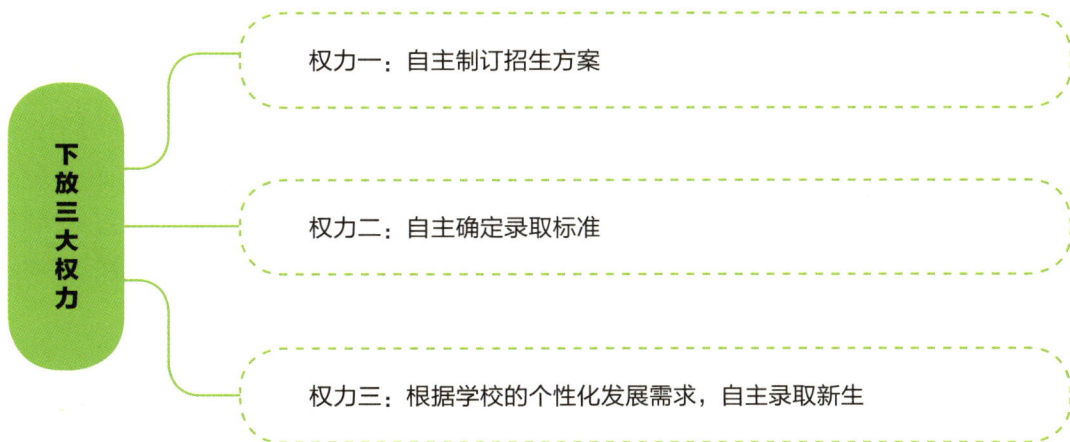

下放三大权力

权力一：自主制订招生方案

权力二：自主确定录取标准

权力三：根据学校的个性化发展需求，自主录取新生

考录取中的主体地位得以确立，在此基础上，高中学校可以制订各自的招生录取工作方案和考生综合素质认定办法及标准来进行招生，这就是自主招生。

当然，在此过程中，各学校的招生录取工作方案和考生综合素质认定办法及标准必须向初中学校和社会公布，接受社会及教育行政部门的监督指导。

招生权力下放后，不同的高中可以根据自己的办学定位制定不同的录取标准，改变了过去一刀切的做法。从潍坊四中和潍坊中学的录取标准中，我们就可见一斑。

潍坊四中和潍坊中学综合录取的标准差别较大，这明明白白的不同的录取标准，充分说明了中考录取标准在具体录取时是由各学校自主确定的，也充分说明了中考录取权力已经真正下放到了高中学校。

各高中学校的自主权力，还表现在可以根据本学校的特点自主选择录取顺序。下面以潍坊一中和潍坊七中为例。

潍坊一中在录取时，先依据第三科目组合（思品、史、地、生、实验），再依据第二科目组合（理、化、体），最后依据第一科目组合（语、数、英、综）的顺序录取新生。

而潍坊七中是先按语、数、英、综，再按理、化、体，最后按思品、史、地、生、实验的顺序进行录取。为什么两所学校的录取顺序不同呢？因为两所学校的办学特色不同。

因此，在录取时充分放权，让学校有充分的招生自主权是必要的。自主录取的

不同方式，将使各学校的个性化办学特色越来越明显，因为，中考的自主录取机制将会成为办学特色的保障和推动力。

为进一步促进高中学校特色办学，潍坊市教育局允许五星级普通高中。适当扩大招生范围招收部分特色项目特长生，各学校在具体招生要求上就表现出不同的特点。

各学校录取的特长生各有所侧重，体现了高中学校根据各自的个性化发展需求自主录取新生的不同定位。高中学校可以结合学校的教学风格、传统优势等，提供可供学生选择的多样化的特色学校，为学生的成长提供了多样化的选择。

回顾传统的中考录取，长期以来，高中学校的招生计划、标准、办法等都由教育行政部门统一规定，命题、评卷等由教育行政部门统一组织，学校不能按照自身的培养目标、培养模式选拔录取学生，这样的招生机制严重削弱了高中学校的办学特色和竞争力。在录取时，用考试科目的分数简单相加作为录取的唯一依据，严重抑制了学生的全面发展和个性发展，也导致了学校教学方式改革举步维艰。

潍坊市尝试高中自主招生机制，赋予高中学校录取自主权，把录取权力交给学校，使学校摆脱了生源"入口"的体制性束缚。这无疑是改变这种弊端的一条较为合理的途径，是改变传统中考录取局面的"破冰"之举。

中考的自主招生机制是打造办学特色的保障和推动力，将使各学校的个性化办学

录取办法可以不一样

潍坊四中的录取办法（部分）：

① 录取时先看语、数、英、综组合，再看理、化、体组合，后看思品、史、地、生、实验组合，三个组合结合录取。

② 录取时，综合素质等级与语文、数学、英语三门学科等级为第一组合，组合内等值互换；体育与健康考试成绩等级与物理、化学两门学科等级为第二组合，组合内等值互换；实验操作等级与思想品德、历史、地理、生物四门学科等级为第三组合，组合内等值互换。

③ 相同情况下，按数学、英语、语文、综合素质、物理、化学、体育与健康、生物、思想品德、历史、地理、实验操作的学科顺序依次录取，录满计划为止。

潍坊中学录取办法（部分）：

① 组合内等级置换原则是指，录取时语、数、英、综等级可等值置换，理、化、体等级可等值置换，思品、史、地、生、实验等级可等值置换。

② 组合间等级互补原则是指，第一组合中的科目下调一个等级后，可相应提高第二或第三组合中科目的一个等级；第二组合中的科目下调一个等级后，可相应提高第三组合中科目的一个等级。但是，不能降低第三组合中科目的等级提高第一或第二组合中科目的等级，不能降低第二组合中科目的等级提高第一组合中科目的等级。

- 潍坊一中自主面向全市招收篮球特长生。
- 潍坊中学自主面向市区招收排球和武术特长生。
- 潍坊七中自主面向市区招收艺术特长生。
- 潍坊四中自主面向坊子区和中心市区招收信息技术和机器人特长生。

特色越来越明显，为高中学校铺就了个性化、多样化发展的"高速路"。

自主招生的保障

高中自主招生毕竟是一个新生事物，要想使新生事物得到健康发展，需要精心扶持，专心引导，用心监督，制定相关的配套措施。为此，潍坊市特意加强了几大方面的制度建设。

加强组织领导
- 高中招生政策性强、涉及面广、影响力大，是社会热点问题
- 各级教育行政部门要从大局出发，提高思想认识，切实加强领导和监管
- 各部门不得随意变更中考改革的有关规定

强化监督指导
- 高中学校录取权不能随性而为
- 教育行政部门必须行使监督指导权
- 落实审核备案、层层公示、申诉复议等措施

坚持公示
- 录取方案、标准必须通过各种媒体公示
- 公示情况要报各级教育行政部门备案
- 县（市）区教育部门和初高中学校要认真贯彻执行有关督查制度、申诉制度
- 加强和完善社区代表参与监督制度

完善督导检查

· 录取时，由市教育局派督查员现场指导、督查录取工作
· 重点督查高中学校自主录取、推荐录取、指标生录取、综合素质纳入录取等政策的落实情况
· 对不落实全市高中招生改革政策的县市和学校，实行素质教育督导"一票否决"

加强社会参与监督

· 初中学校成立推荐工作委员会
· 高中学校成立招生录取委员会
· 委员会成员由校级领导、骨干教师、家长代表等利益相关者组成
· 委员会不少于 9 人，校级领导不多于 1/3，家长代表等利益相关者不少于 1/3
· 人员名单及工作程序、录取标准等事项都要向全体师生和社会公示

规范程序操作制度

· 必须严格按照流程来操作
· 规范程序：方案制订—教育局审批—公示—学生报名—组织考试—录取—公布各类（指标生、统招生、择校生、艺体特长生等）录取结果

问与答

　　一位家长对招生有质疑："现在中考招生秩序好像很混乱，这么多考生，我的孩子如果考不上还能考其他学校吗？现在高中自主招生不是在乱拉生源吗？"

　　答：这位家长的担心有其道理，历史上也曾出现过类似的事情。但自主招生并非是无序招生，因为市、县两级教育行政部门有招生规范约束着、监督着。有强大的"裁判员"在，招生这个"运动场"就不会乱。

　　为规范高中招生行为，确保高中招生工作的严肃性，潍坊市对初中学业水平考试工作严格实行"九统一"：全市统一报名时间、统一考试时间、统一命题；以县市（包括市区）为单位统一编排考场、统一阅卷；考点原则上统一设在县市政府驻地；考试原始成绩和等级数据库统一报送市教育局备案；高中学校（含民办学校）招生实行以县市（市区为一个单位）为单位统一时间段录取；录取名单由所在县市区教育部门汇总审核后统一报送市教育局备案。依据各高中学校接纳能力和办学特色统一划定高中招生服务区，比如潍坊中心市区公办普通高中具体招生范围如下：潍坊一中、潍坊中学、潍坊七中的招生范围为中心市区（包括奎文区、潍城区、高新区、经济区和市直初中学校），寒亭一中的招生范围为寒亭区，潍坊四中的招生范围为坊子区，滨海中学的招生范围为滨海区，峡山二中的招生范围为峡山区。

　　同时，为严肃招生纪律，潍坊市教育局出台了"十项禁令"：严禁学校擅自发布招生广告和宣传材料；严禁任何学校以任何理由提前组织招生报名，更不允许学校擅自招生；严禁义务教育学校以考试选拔方式招收新生；严禁义务教育学校以举办实验班等名义招收新生或分快慢班、实验班；严禁任何学校擅自扩大招生范围；严禁任何学校擅自接收未经学籍主管部门审批的转学、借读学生；严禁任何学校扣留学生的毕业证等报考证件；严禁普通高中学校到初中学校或学生家中进行招生宣传；严禁学校利用减免学杂费、发放补助生活费等不正当手段招生；严禁任何学校乱收费，学校必须严格按照市教育局、物价局、财政局规定的收费项目和标准收费，各学校收费项目和标准必须在学校内公示，让学生和家长明明白白。

　　既放权又设界，让权力在预先设计的轨道中运行，才能让中考招生"放而不乱"。

　　2013 年 6 月 17 日，民办学校昌乐二中举行潍坊市外高中自主招生考试。本次考试设 150 多个考场，共有 5300 余名来自全省各地的考生参加了考试，加上前来陪考的家长，近两万人来校。学校周边停满了来自济南、青岛、东营、滨州、菏泽、济宁等地的车辆，校园内熙熙攘攘，人声鼎沸，火爆程度远超往年。

　　经过各部门的协同努力，考试各个环节进行得有条不紊、井然有序。一位家长说："昌乐二中规范、认真、热情、细致，工作的每一个环节都体现着中考改革的气象，都体现着学校先进的办学理念，把孩子送到这样的学校我们很放心。"

■ 多元录取：人才成长"立交桥"

按照考试等级录取时，发现了一种现象：一些偏才、怪才，难以进入高中，而高中学校打造办学特色又需要这部分学生。

怎么办？在按照考试等级成绩的"综合录取"之外，能否开辟第二条、第三条招生录取的路子？潍坊的答案是：完全可以。

于是，潍坊新中考的重要制度"多元录取"应运而生……

何谓"多元录取"？

"多元录取"即潍坊在中考录取时采用了综合录取、推荐录取、特长录取三种录取方式，每种录取方式针对不同类型的学生，从而照顾了学生的多元差异，实现了中考录取的区别对待。

三足鼎立的多元录取

综合录取——学校录取的"主力军"

综合录取是中考改革以来，潍坊市各高中最主要的录取方式。

综合录取将学生考试科目按等级分为三个组合：

第一组合：语文、数学、英语、综合素质四科，简称"语、数、英、综"；

第二组合：物理、化学、体育与健康三科，简称"理、化、体"；

第三组合：思想品德、历史、地理、生物、实验操作五科，简称"思品、史、地、生、实验"。

综合录取根据三个组合进行，综合考虑12个科目，也就是从12个维度来综合考虑，每个维度都能兼顾到，这是由分数录取的做法所达不到的。每个科目组合内各学科之间可以等值互换，组合之间是否等值互换由各招生学校根据实际需要确定。录取时，各学校根据自己的个性发展需要，确定三个科目组合的录取先后顺序。像潍坊一中在录取时先看第三组合，再看第二组合，最后看第一组合；而潍坊七中在录取时恰恰相反，先看第一组合，再看第二组合，最后看第三组合。综合录取的学生一般包括指标生、统招生、择校生。其中，指标生一般占招生数的60%左右。

潍坊一中2013年招生录取计划数1700人，综合录取了1513人，占招生计划数的89%。

综合录取主要是根据学生的学业考试等级成绩、综合素质评价等级组合进行录取，录取的主要是综合素质和学业成绩好的学生。

录取程序

01
模拟录取

根据考生志愿、学业水平考试成绩、综合素质等级以及招生计划分别确定指标生、统招生、择校生录取标准。

02
正式录取

A. 录取第一志愿（指标生和统招生）：a. 录取指标生。以初中学校为单位，按照考生志愿和分配到初中学校的指标生名额，根据考生学业水平考试成绩、综合素质等级择优录取。b. 录取统招生。按照考生志愿和统招生计划，根据考生学业水平考试成绩、综合素质等级择优录取。

B. 录取第二志愿（择校生）：按照考生志愿和择校生计划，根据学业水平考试成绩、综合素质等级择优录取。

C. 以择校生录取标准对照指标生录取标准，各初中学校指标生录取标准不得低于录取学校择校生录取标准，凡按指标生录取标准不能完成指标生计划的初中学校，其剩余的指标生计划统一调出，作为录取学校的统招生计划。调整后再根据计划数调整统招录取标准和择校录取标准，循环录取。

链接

潍坊一中的综合录取办法

2013 年，潍坊一中在前期招生的基础上，进一步完善了综合录取办法并向社会公布。在之后的招生中，潍坊一中顺利地完成了招生工作。从潍坊一中的综合录取方案中，我们可以窥综合录取方法之一斑。

第一步：根据考生思品、史、地、生、实验五门学科学业水平考试成绩的等级，由高到低进行排序，先预录取招生计划的 160%。在预录取的所有考生中，按考生的理、化、体三门学科学业水平考试成绩等级由高到低的排序再预录取招生计划的 130%。再在由理、化、体成绩预录取的所有考生中，按语、数、英、综四门学科学业水平考试成绩等级由高到低排序按招生计划的 100% 录取。如因多个考生成绩并列，致使达到标准的考生人数超过计划数时，则将某个组合的标准提高一个等级后（提高顺序为思品、史、地、生、实验组合，理、化、体组合，语、数、英、综组合），划定第一条录取标准录取。

按照此条方案，录取的主要是各科成绩或者说各组合成绩比较均衡、没有明显弱科且每个组合都有突出学科的学生。这部分学生是预录取的主力军，在入学后也是学校综合成绩中上游学生的主体。

第二步：若按第一条录取标准录取学生不足，则进行组合互补，按互补后的等级录取剩余计划。组合互补办法为：第一组合中的其中一科成绩下调一个等级后，可相应提高第二或第三组合中其中一科的一个等级。第二组合中的科目下调一个等级后，可相应提高第三组合中其中一科的一个等级。但是，不能通过降低第三组合中科目的等级提高第一或第二组合中科目的等级；不能通过降低第二组合中科目的等级提高第一组合中科目的等级。

通过组合之间的互补，解决了"语、数、英、综组合比较好而后两个组合考试等级稍差"部分学生的问题，比如某个学生考试等级为：语、数、英、综 AAAB，理、化、体为 ABC，思品、史、地、生、实验为 AAABB，他可能因为理、化、体这个组合中体育是 C 等，没有划入 130% 的范围，但其实这个学生成绩还是比较好的，通过此条录取方案就可以将他录取。

第三步：若组合互补后达到第一条录取标准的考生数超过录取计划数，则从组合互补后的考生中按剩余计划数择优录取。若组合互补后达不到录取计划数，先录取组合互补后达到第一条标准的学生，再从剩余学生中择优录取到计划数。

潍坊一中通过这几条录取办法，互为补充，实现了高中招生的公平、公正、择优录取。择优原则为：同等情况下，按原始成绩优先录取语、数、英和理、化、生等级高的考生；同等情况下，按各科原始成绩等级优先录取 A 等科目多的考生。

推荐录取——学校录取的"绿色通道"

有一些学生，学科成绩一般，但综合素质特别优秀，或在某些方面有着过人的特殊才华，这类偏才、怪才怎么办？如果录取制度把这些学生排斥在优质学校之外，显然不利于优秀人才的发现和培养。

推荐录取为这类学生开设了顺利通过中考的"绿色通道"——由初中学校诚信推荐，再由高中学校成立专家委员会，现场测试，结合学生成长档案资料择优录取。

推荐录取方式专门用于享有推荐录取资格的学生：一是综合素质特别优秀的学生，二是在某一学科或某一方面具有特殊才能的学生。

高中学校可按不超过招生计划数的 5% 招收推荐生，初中学校可按照不超过毕业生总数的 5% 确定推荐生名单。

推荐录取的学生享受统招生待遇。

在以上环节中，学生个人申请是尊重学生的自主选择。对愿意选择走推荐录取渠道并且符合招生校推荐资格的学生，初中

"推荐录取"是为偏才、怪才特设的录取方式，由初中学校推荐，高中学校考查录取。

推荐录取流程

学生个人申请 → 初中推荐 → 初中公示 → 高中现场测试

高中录取 ← 教育行政部门审核备案 ← 高中公示 ← 确定名单

学校推荐生审核委员会要对学生提交的材料进行审核，并在学校公示栏内公示一周，无异议后校长签名（或由初中学校3名教师签名）加盖初中学校公章，按推荐顺序上交高中学校。

高中学校在收到材料后，组织推荐生专家组成员进行材料审核。材料审核主要看该生的个人素质、获奖情况、初中表现等，对不符合要求的进行退档。这部分的成绩一般占总成绩的10%（具体由各高中学校根据实际自主确定）。然后，由高中学校推荐生专家组成员对推荐生进行现场测试（含综合能力测试、面试或现场才能展示）。综合能力测试是指笔试，根据初中所学的各科知识出一份综合试卷（各科的比例自定），要考生在规定的时间内完成，一般占总成绩的50%。面试或专项测试（指特殊才能）分组进行，主要看考生的综合素质和特殊才能，一般占总成绩的40%。

高中学校根据测试结果和初中的表现（据材料审核）确定预录取名单，并公示一周，无异议后上报教育局备案。被推荐的考生只要在学业水平考试中达到录取学校择校生的录取标准，则该生将作为统招生破格录取。

为保证推荐的公平、公正，整个录取过程都有利益主体的相关人参与，以便于让社会参与监督。比如，特殊人才招生专家组成员，一般要有高中和初中专家型教师代表、社会知名专业人才代表以及家长代表组成，进行现场面试或才能展示时，成绩当场公布，家长代表可以参与旁听。

特长录取——学校录取的"特种兵"

特长录取主要是指对报考音乐、美术、体育特长的考生进行录取的方式。

"特长录取"是针对音、体、美等专业良好的学生而设计的录取方式。

潍坊一中一般每年招特长生120人，音乐30人，录入后要加入学校合唱团；美术40人，录入后单独编班；体育50人，主要参与篮球项目。

潍坊一中是潍坊市五星级学校，篮球又是学校的传统项目，所以录取的篮球类特长生比较多，且可在全市范围内招生。

潍坊七中一般每年招收艺体特长生150人，因为该校艺术方面比较突出又是五星级学校，招生的人数就多一些，并且艺术生可以从市区范围内招生；该校排球项目也比较突出，所以排球类特长生也招得不少。

录取的主要依据是考生的学业考试等级、综合素质等级和专业特长测试等级。通过这种方式录取的学生一般不超过10%。作为艺体特长生录取，特长生首先要根据高中学校所列特长项目参加专项测试，根据测试结果，按一定比例分发A、B、C三种《专业合格证》。在中考报名填报考生类别时，取得《专业合格证》的考生需填报"艺体特长生（音乐/美术/体育）"，如填报"普通生"，则《专业合格证》作废。报考艺体特长生的学生均须参加潍坊市教育局组织的初中学业水平考试。

艺体特长生在录取时，一般学校都是先按原始成绩参与普通生录取，先录指标生，再录统招生，再录艺体统招生，再录普通择校生，最后录艺体择校生。原始成绩达到录取学校统招线的考生按普通生录取，录完艺体统招生后，原始成绩达到高中学校择校线的考生作为普通择校生录取。

每年都有考生家长有疑问：我孩子学习还不错，但也有音、体、美方面的特长，在报考时到底报什么呢？报普通生担心考不上，报特长生又担心发挥得好了本可以按照普通生录取。这种录取方法正好消除了家长和考生的顾虑，同时又为有特长的考生提供了录取的机会。

链接

"特长录取"也可以不一样

潍坊一中的体育特长生的录取办法是：凡专业测试获得A证的考生全部作为统招生破格录取；凡获得B证的考生按学业水平考试成绩等级，先录取统招生的剩余计划；获得B证但未被统招录取的考生与获得C证的考生一起按学业水平考试成绩及计划数录取体育择校生。

潍坊七中的体育特长生的录取办法则是：体育类专业成绩获得A证者可破格录取为艺体统招生；专业成绩获得B证者从"语、数、英、综"组合中把最低的两科分别提高一个等级；专业成绩获得C证者从"语、数、英、综"组合中把最低的一科提高一个等级。按照综合录取的方式先录取剩余艺体统招生，再录取艺体择校生。

艺体特长生录取办法，由各个学校根据自己的特色，自行确定。比如，潍坊一中在录取音乐、美术特长生时，其规定是一样的：凡获得A证的考生可以在"语、数、英、综"、"理、化、体"、"思品、史、地、生、实验"三个组合中分别提高最低两门学科的一个等级（若某个组合全为A，则该组合不做调整）；凡获得B证的考生可以在以上三个组合中分别提高最低一门学科的一个等级；凡获得 C 证的考生不提高文化课成绩。然后根据调整后的文化课成绩择优录取计划中的招生数。

潍坊七中艺术特长生录取办法为：音乐类、美术类特长生专业成绩获得 A 证者可破格录取为艺体统招生；专业成绩获得 B 证者先从"语、数、英、综"组合中把最低的一科提高一个等级，再从"理、化、体"组合中把最低的一科提高一个等级，最后从"思品、史、地、生、实验"组合中把最低的一科提高一个等级；专业成绩获得 C 证者先从"语、数、英、综"组合中把最低的一科提高一个等级，再从"思品、史、地、生、实验"组合中把最低的一科提高一个等级。按照综合录取的方式先录取剩余艺体统招生计划，再录取艺体择校生。

即便是在同一特长招生学科的相同考核项目上，各个高中学校也都是自主规定条件，自主设定测试内容。潍坊一中篮球测试内容为助跑摸高、全场一攻一防、规定距离一分钟自投自抢投篮、比赛。而潍坊七中则为助跑摸高、计时定点投篮、计时运球、比赛。潍坊一中的美术类测试项目为素描和石膏几何形体写生两类。而潍坊七中只是石膏几何形体写生。再如潍坊一中体育类特长生还设定了两个条件：篮球、排球身高要求男生 1.85m 以上，女生 1.70m 以上（篮球后卫、排球自由人可适当降低身高要求）；获得二级运动员以上证书和市级比赛成绩优秀者。而潍坊七中则没有具体规定。

所有这些，都是各个学校根据自己的具体情况和未来发展目标而定的，教育行政部门没有统一要求，这就为各个学校的自主发展提供了空间，搭建了平台。

多元录取的配套措施

为了确保多元录取机制能够顺利运行，同时也是为了所有的录取工作都能做到公平、公正，潍坊市设计了多项配套措施。

①高中学校成立招生录取委员会。

委员会由教学管理人员、骨干教师和社会各界人士代表9人以上组成。其中，学校中层以上干部不得多于1/3，社会各界人士不得低于1/3。委员会负责学校推荐生评价和录取的组织、领导与监督；严格按照既定的条件和程序进行考生推荐工作，接受纪检监察部门及社会、新闻媒体的监督；有权取消弄虚作假、徇私舞弊教师的推荐资格；有权取消弄虚作假初中学生的录取资格；有权会同纪检监察部门对违反招生纪律的工作人员严肃处理。

②建立公示、咨询、申诉等制度。

所有与学生评价有关的内容均要在相关范围内公示至少五天，如招生政策，综合素质认定，特殊才能展示及录取的条件、办法、结果等；公示无异议后，方可作为评价和录取的依据。考生如对考试和录取有异议可提出申诉，招生学校和教育部门必须认真对待并实事求是地对申诉做出恰当处理。

③建立初中教师推荐诚信制度。

初中教师或教学管理人员需满足相应的条件才具备推荐学生的资格：具有5年以上一线教育教学工作经验；政治思想进步，师德良好，为人师表，办事公道，正直诚信；教育理念先进，积极拥护、支持和参与新课程改革且有较大影响；具有县级以上荣誉称号。（注：初中教师推荐目前已改为初中校长实名推荐。）

④制定推荐程序和办法。

推荐教师需仔细查阅被推荐学生的成长记录和各类形成性资料；召开座谈会、个别专访，对学生的表现做深入细致全面的调查；与学生本人谈话，了解学生的志趣、理想、信念、性格、能力等各方面情况。推荐信必须实事求是，客观公正地反映学生的兴趣、习惯、能力、学习成绩、特长等方面的情况。

⑤明确推荐教师的权利和义务。

推荐教师必须严格按照推荐程序进行调查了解，不得随意缩减程序；推荐信要实事求是，不得弄虚作假；推荐教师必须定期参加学校组织的教育理论和政策法规的学习；推荐教师在外出学习、在职进修、晋升、晋级和教学能手、骨干教师、学科带头人评选等方面，有优先权。

⑥建立责任追究制度。

推荐信需在初中毕业学校公示一周，推荐信公示期间有异议并发现有明显失实的，由招生学校报县（市）区教育行政部门；县（市）区教育行政部门进行调查核实，根据调查核实结果做出处理，并在一定范围内通报；如属一般失实，取消推荐人两年推荐资格；如属严重失实，终生取消推荐人推荐资格。

多元录取的优势

多元录取，把分数录取"华山一条道"，

变成了综合录取、特长录取、推荐录取三条道,升学渠道由过去的"独木桥"变成了"立交桥",为学生的全面发展和个性特长发展提供了保障。

实行多元录取,特别是实行推荐录取和特长录取,实现了"多把尺子量学生",让招生录取更好地适合每一个孩子发展的需要。

多元录取,让一批偏才、怪才获得了传统中考录取方式下不能获得的升学机会,这为他们继续发挥特长提供了更宽广的舞台。

实行多元录取,促进了学生个性特长的培养,学校设立的体育节、艺术节、科技节等,使特长学生有了充分展示的舞台。当别的地方的学生整日埋头书堆的时候,潍坊的学生却忙于从事各类社团活动。他们尽情舒展着自己的兴趣爱好,推动着自己的个性特长发展,在社区实践、研究性学习等活动中不断丰富着自己。

多元化的录取方式,也有力地助推了高中学校的多样化特色办学进程,一批高中学校已经在课程建设、课堂教学、科技创新、艺术体育、校友资源开发等方面形

2011年,潍坊市中心区有4.0%的学生通过"推荐录取",有9.2%的学生通过特长录取进入高中。

成了鲜明的办学特色,多样化特色办学已经成为潍坊高中学校的自觉追求。从2008年开始的两轮潍坊市普通高中多元化办学评估中,全市46所普通高中有19所彰显出明显的办学特色。

多元录取制度的发展历程

十年磨一剑,工夫不寻常!潍坊的多元录取制度不是一蹴而就的,而是经过了十多年的探索。让我们回顾一下潍坊教育人走过的探索之路。

学业水平考试成绩过低或综合素质评定达不到A等,不予推荐录取;综合录取只把语、数、英、理、化、生、思品、史、地纳入录取标准,但同时规定综合素质必须达合格以上;特长生录取须参加体育、音乐、美术专业考试。

那些被多元录取的偏才和怪才

郭宗帅，从初中开始他就是一个卫星迷。初中时设计制作的"地面低空气象卫星"在山东省首届中小学生创造活动竞赛中荣获一等奖。升高中时，他文化课成绩比较差，但综合素质评价为 A 等。如果按文化课成绩来录取，他就会被挡在高中学校门外，但由于实行了推荐录取的方法，他以科技创新特长生的身份被特招入学。在高密市实验中学，他的创造潜能得到了持续发展，凭着在火箭领域的研究成果被大学录取，并应邀到现场见证了中国第二艘载人宇宙飞船"神舟六号"的发射。

张家华，初中时就酷爱计算机，初二时即为潍坊市两家公司开发了 Flash Web 网站，并负责其服务器的管理与维护。他制作动态网页《中华美食：鲁菜》参加比赛，获全国第九届中小学生电脑制作活动网页类比赛一等奖。他开发的软件通过了山东省软件评测中心鉴定，两个创新点"算法集时间动态密钥加密系统"和"动态网页安全加密连接"申报了发明专利。2008 年，他凭借计算机技术特长升入潍坊一中。2009 年冬天，由共青团中央、全国青联、全国学联、全国少工委联合举办的第六届中国青少年科技创新奖颁奖大会在北京人民大会堂举行，张家华获此殊荣。这是目前潍坊市青少年在科技创新方面获得的最高奖项。

刘经纬，创新发明类特长生。他的科技创新项目"硅基介孔微胶囊合成及其农药缓释研究"，获得山东省青少年科技创新一等奖，并参加全国决赛。

王一凯，信息技术应用类特长生。三次荣获全国青少年信息学奥林匹克联赛二等奖。

李蔚语，模特特长生。CCTV 模特电视大赛全国总决赛冠军，并签约新丝路模特经纪公司。

丁俊方，模特特长生。第五届世界旅游形象大使中国区总决赛亚军，并被评为中华茶博城茶文化推广大使。

……

正是潍坊中考制度改革，为这些偏才、怪才打开了一扇门。

潍坊的多元录取制度不是一蹴而就的，
而是经过了十多年的探索。

2002 年，潍坊市教育局开始谋划中考改革。

2003 年，潍坊市新中考改革方案出台。

2004 年，潍坊市在下辖高密市开始新中考实验。

2005 年，潍坊市首次提出并实施推荐录取、综合录取、特长录取相结合的录取方案。

2006 年，潍坊市明确综合录取作为最主要的录取方式。

2007 年，潍坊市规定高中学校录取推荐学生（含破格录取的学生）要控制在招生计划的 5% 以内。

2008 年，中心城区试点将体育等级与理化等级等值对待纳入录取；综合素质评价等级与语、数、英三门学科等级等值对待。

2009 年，中心城区试点推广到全市范围。

2010 年，潍坊市教育局出台了特殊才能学生录取制度，建立了学生破格录取的新机制，招生人数不超过本校年度招生计划的 5%。

2013 年，将实验操作考试等级与思品、史、地、生等级等值对待；在中心城区及昌乐、安丘、青州、诸城试点综合素质评价权完全下放至初中学校。

2014 年，综合素质评价试点推广到全市范围。

十余年探索，不变的是潍坊教育人直面教育问题不断前行的创新精神，不变的是潍坊教育人百尺竿头、更进一步的实干精神，不变的是潍坊教育人以学生发展为本的教育情怀。

三

让老师和学生
自由地呼吸

1 受益最多的是学生
2 成长最快的是教师
3 变化最大的是学校

以往"纸上谈兵"的实验教学落地了，实验室成了广大城乡孩子的乐园

昌乐一中学生在课堂上探究问题

高密立新中学将剪纸变成了校本课程，学生的作品创意迭出

潍坊广文中学的艺术节，为学生提供了尽情展示的舞台

青州中学的机器人社团活动

昌乐外国语学校秋季远足

临朐县柳山镇中学冬季远足

小组合作的课堂，孩子们投入其中

潍坊广文中学赵桂霞校长为孩子们答疑解惑

教师在课堂上更加舒展了

　　学校生活应该是什么样子？

　　如果我们把学校生活看作人生经历的一部分，如果我们把眼光放得长远一些，那么，分数显然不是学生学校生活中的全部。但因为升学压力的存在，多少学校围绕着考试展开教学，多少学生围绕着分数安排生活？"愉快生活，愉快学习"变成了仅仅悬挂在墙上的教育口号。

　　而在潍坊，在中考制度改革的推动下，终于让标语上的教育理念走向了坚实的大地。教师和学生，过上了一种不一样的教育生活。

1 | 受益最多的是学生

■ 一组振奋人心的数据

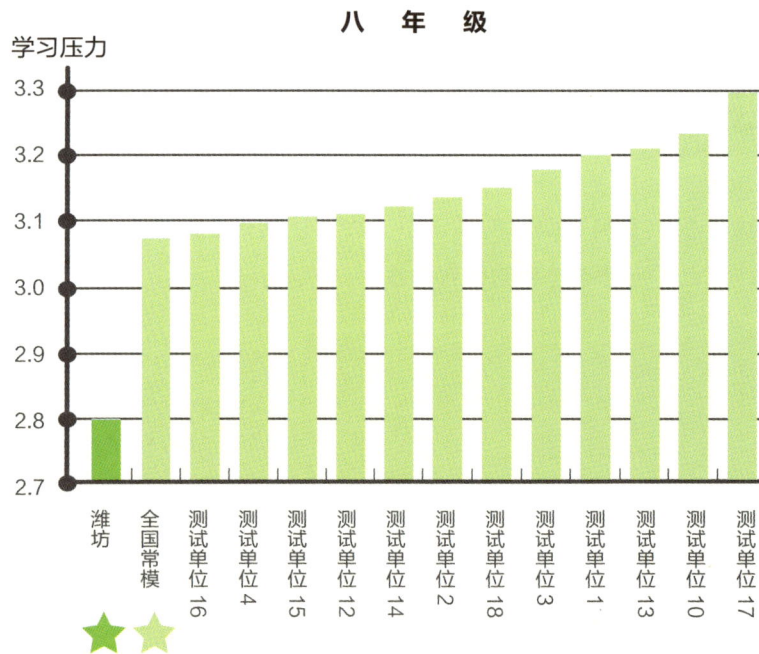

八 年 级

学习压力

| 潍坊 | 全国常模 | 测试单位16 | 测试单位4 | 测试单位15 | 测试单位12 | 测试单位14 | 测试单位2 | 测试单位18 | 测试单位3 | 测试单位1 | 测试单位13 | 测试单位10 | 测试单位17 |

教育部基础教育课程教材发展中心 2009 年质量监测数据

八 年 级

学习自信心

初中学生学习自信心
显著高于全国常模，且均高于
2009 年。

4.5
4.3
4.1
3.9
3.7
3.5
3.3

测试单位 37
全国常模
测试单位 12
测试单位 29
测试单位 34
测试单位 28
测试单位 10
测试单位 27
测试单位 16
测试单位 22
测试单位 25
测试单位 30
测试单位 19
区 41
测试单位 4
区 47
区 57
区 54
区 53
潍坊 2009
区 40
潍坊 2012
区 52
区 55
区 48
区 50

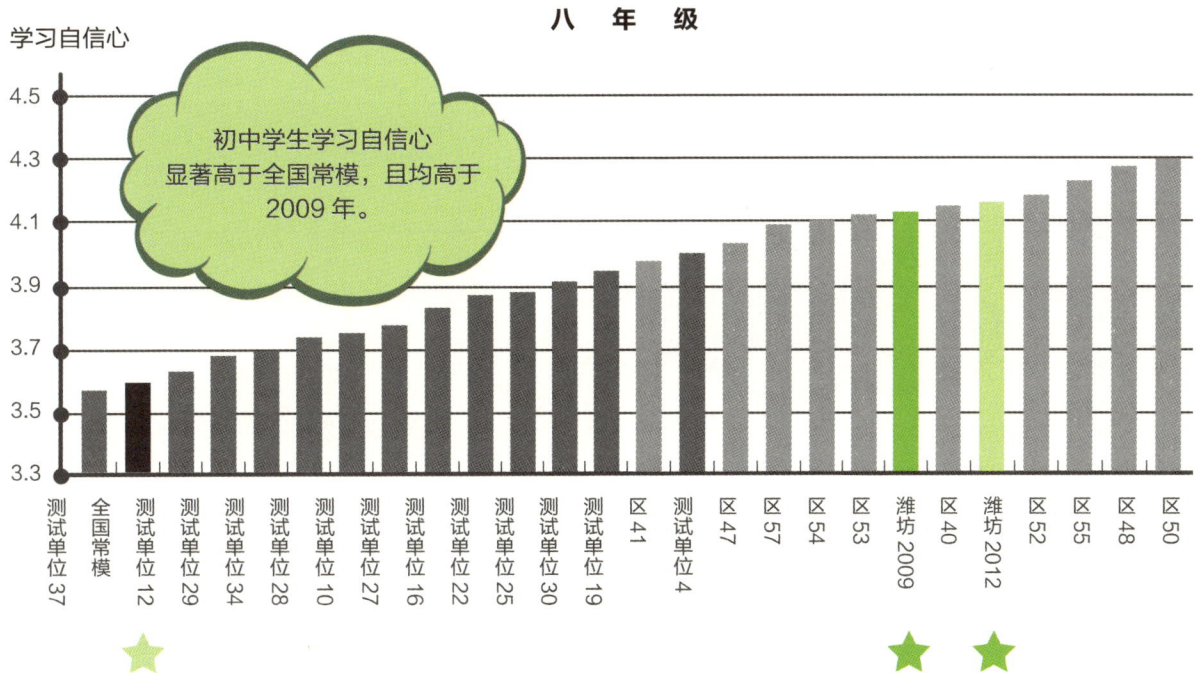

教育部基础教育课程教材发展中心 2012 年质量监测数据

潍坊市八年级学生睡眠时间

少于6小时	6~7小时	7~8小时	8~9小时	9小时以上
0.72%	7.91%	30.21%	40.24%	20.92%

2012 年，潍坊市教育局统计数据

八　年　级

睡眠时间 8 小时以上

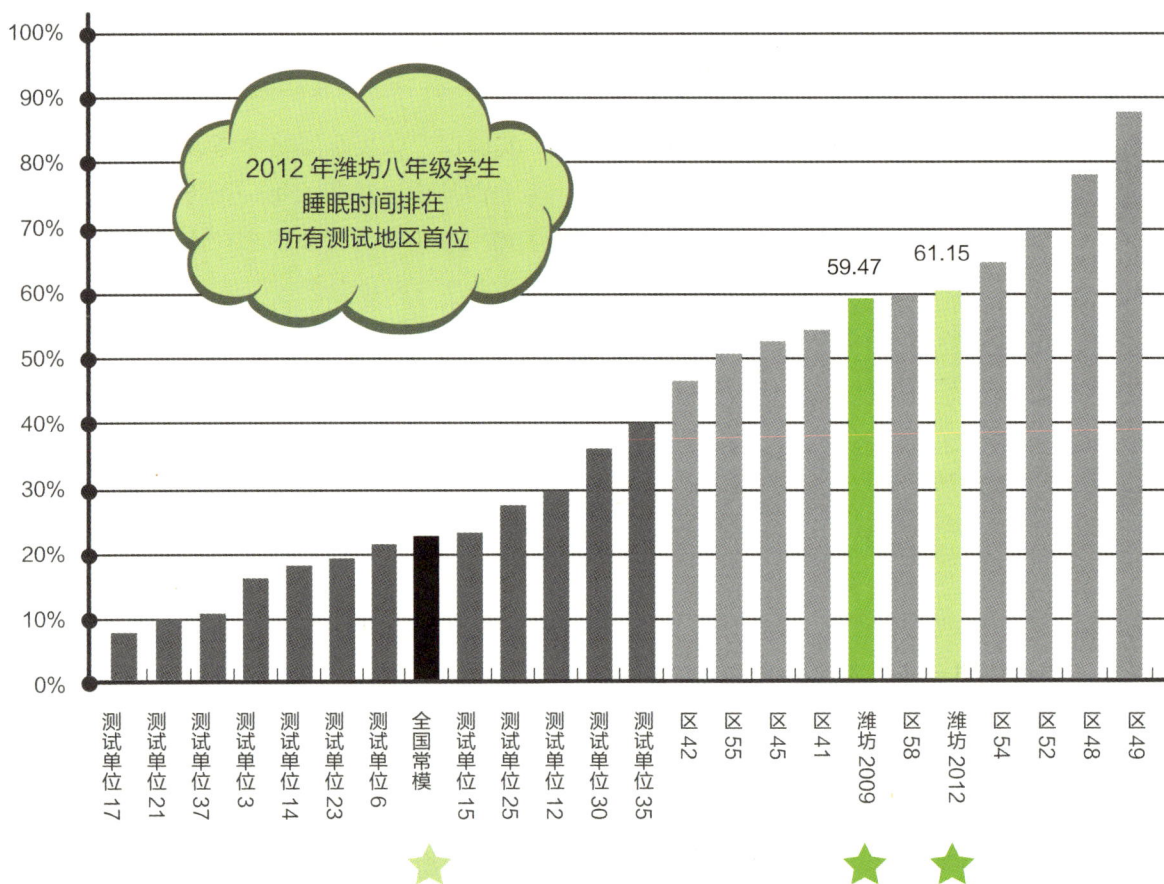

2012 年潍坊八年级学生
睡眠时间排在
所有测试地区首位

59.47　61.15

测试单位 17　测试单位 21　测试单位 37　测试单位 3　测试单位 14　测试单位 23　测试单位 6　全国常模　测试单位 15　测试单位 25　测试单位 12　测试单位 30　测试单位 35　区 42　区 55　区 45　区 41　潍坊 2009　区 58　潍坊 2012　区 54　区 52　区 48　区 49

教育部基础教育课程教材发展中心 2012 年质量监测数据

　　以上四个图表是教育部基础教育课程教材发展中心自 2009 年以来对潍坊市城乡 310 所学校、近 2.5 万名学生学业水平质量进行跟踪性监测的数据。质量监测数据显示，在学生学业水平与国家课程标准吻合度、学生睡眠时间、作业适合性、心理负担、学习压力、学习动机、学习自信心和师生关系等反映学业状况和素质教育水平的关键指标上，潍坊市的数据显著优于全国常模水平。

　　2012 年，山东省教育厅委托山东社情民意调查中心进行了历时两个月的大规模调查。2012 年 6 月 20 日调查结果发布，再一次印证了这样的事实：潍坊市中小学生睡眠时间最多、作业时间最少。

■ 从实验室中看变化

离实验操作开考还有一周,笔者走访潍坊部分初中学校发现,如今各学校对实验操作越来越重视,实验室也成了学生们除了教室和操场以外经常出入的地方。而在以前,实验室更多的时候是摆设。

在潍坊新华中学,虽然已经放学,但仍有不少学生留在实验室里做实验。"以前实验室只有上午大课间和下午活动课时开放,进入 3 月份以后,全校生物、物理、化学 8 个实验室全天对学生开放。周末双休日、节假日、放学后学生想要做实验,只需向自己相关科目的任课老师申请,就能到实验室进行实验操作。"该校教导处主任刘敏英说。

"我这学期一共跟老师申请去实验室 5 次,大部分做的是化学实验。"初三(1)班的秦艺珊说,"动手操作很有意思。"该校初一学生刘晓珂是一个科学爱好者,是山东省创新实验大赛一等奖获得者。她最喜欢待在有人体模型和标本的生物实验室中。"有很多书中介绍的知识,自己看图也看不明白,但是只要坐在实验室,自己一动手就全明白了,而且实验获得的知识更生动,比课本有意思多了。"她这样说。

当实验操作未纳入中考的时候,预约实验室的学生寥寥无几。"就我们一两个人预约,我们也觉得麻烦学校的老师,挺不好意思的。"刘晓珂说道。但随着实验操作纳入中考,实验室成了最受学生欢迎的地方。"不管什么时候,只要想去就可以联系任课老师,他就可以帮我联系实验室。现在周末都有好多学生过来,大家一起做实验,相互分享一些窍门,感觉特别有意思。"刘晓珂开心地说。

实验课,仅仅是潍坊中考改革的冰山一角。潍坊中考改革的每一个方面,都是为了确保学生综合素质得到较大提升,满足学生的个性发展需求。

■ 给学生更多元的发展空间

新中考评价标准的变化不仅仅让一度门可罗雀的实验室变得热闹起来,更重要的是让素质教育的价值观被社会、家长和学生普遍接受,由此带来了学生学习状态、生命状态的大变化。

没有了分数的压力,学生对自己的发展也从关注"结果"转变到关注"过程"。传统的中考招生制度下,学生"唯分是从","高分遮百丑"。但一个正在发育成长中的少年,如果紧盯着分数,不注重道德养成、审美提升、运动健康以及和同伴的交流与合作等更综合的素养,他的成长必然是片面的,甚至有可能是畸形的。

新中考的评价关注学生综合素质的发展,注重同学之间的评价,使得初中学生由过去的仅注重初中最后阶段一次性的中考,转变为关注自己的发展过程,关注综合素质的提升,关注同伴对自己的评价。

新中考带来的评价变化也在家长身上产生了积极的反应,学校工作得到了家长

成绩等级呈现的方式给我带来自信！我本身方位感比较差，地理学习存在障碍，初一期中考试我甚至考过 C。但老师一直鼓励我，帮我制定阶段性目标：初一期末考到 B，初二向 A 努力。因为我面对的不是成绩，不需要一分一分地斤斤计较，让我有一个更大的区间选择，所以学习压力不会太大。最终，在学业水平考试中我取得了 A 的好成绩！

——潍坊十中学生　高子怡

的更大支持。潍坊广文中学孙莉同学的家长说："当前的中考形式让孩子学得很轻松，基本上每次考试各科都是全 A，对照每年潍坊一中的录取标准，感觉孩子被录取没有问题，家长也没有压力了。这样一来，我们家长也支持孩子更多地参加社会实践及学校的各种活动。其实在这个年龄阶段，让孩子多涉猎一些学科之外的知识是非常有必要的，因为现在的社会需要全面发展的人才。"

初中校长们感慨地说："过去，我们组织活动，许多学生不愿意参加，家长也不支持孩子参加，怕耽误孩子学习。现在，不仅学生积极参加，家长也会主动提供帮助和支持。"基于这样家校之间的相互理解，初中校长们更有底气和信心放开手脚按教育规律办事，为学生提供更加多元的成长空间。

新中考让潍坊的初中学生不用去追求极致的考试分数，不仅减轻了机械训练的负担，而且还节约出大量的时间来进行阅读欣赏、观察探究、感悟体验、运动休闲、创新实践等活动，促进学生的全面发展和个性发展，获得更加幸福而愉悦的学习生活。

在新中考的阳光下，学生们生命的潜能被激发，校园恢复了原本应该有的生机勃勃的状态。而这，是多少潍坊教育人，多少学生家长和学生本人的梦想啊！

2 | 成长最快的是教师

过去，老师们虽然一直致力于课堂改革，但总感到阻力重重，步履维艰。许多老师说，中考不改，我们的课堂就不敢改。

潍坊改革后的中考以"知识立意"转变为"能力立意"，注重考查学生的思维能力、想象能力、创新精神和实践能力。这样的考试导向，引导着课堂教学方式由知识技能的"一维目标"向知识与技能、过程与方法、情感态度与价值观的"三维目标"转变，逼迫着教师由以教为主向以学为主进行教学转变。

近年来，潍坊市加大课堂教学改革力度，学生懂了的不讲，讲了学生不会懂的不讲，可讲可不讲的不讲，积极构建以"减少讲和听，增加说和做"为基本要求的"自主·互助·学习型"课堂，极大地焕发了课堂的生命活力，让课堂成为学生学会学习和思维创新的场所。

和学生在课堂上、考试中的表现相对应的是，学生对课堂的情感态度与价值观也悄然发生改变。抽样调查显示，与中考改革前相比，"学生喜欢学习"的比率提高了17个百分点，"喜欢现在的课堂"的学生比率达到98%以上。学生在课堂上自主学习、合作互助，知识与技能、过程与方法、情感态度与价值观目标落到了实处，课堂真正成为实施素质教育的主阵地。

2013年7月16日，潍坊广文中学学术报告厅气氛热烈，里面正在进行着一年一度的课题开题报告展示会。原来，从2006年开始，潍坊广文中学就建立了教育教学问题征集与解答机制。学期初针对教学中教师存在的困惑或棘手问题进行问卷调查，分类统计整理，对于相对集中的问题建立

潍坊改革后的中考以"知识立意"转变为"能力立意"，注重考查学生的思维能力、想象能力、创新精神和实践能力。

90%

88%

90%

76%

主动质疑　　　主动发表见解　　　自信心增强

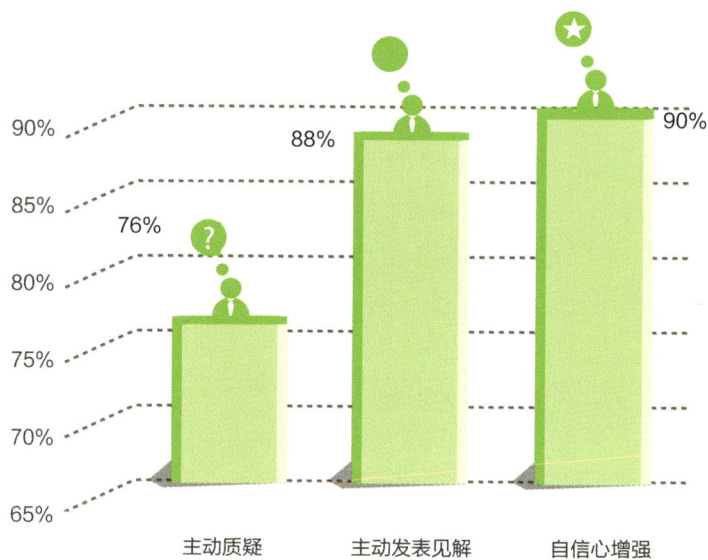

从最近一次抽样调查（随机抽取 120 所学校、488 个课堂）的情况看，课堂上主动质疑的学生达 76%，主动发表见解的学生达 88%，90% 以上的学生自信心明显增强。

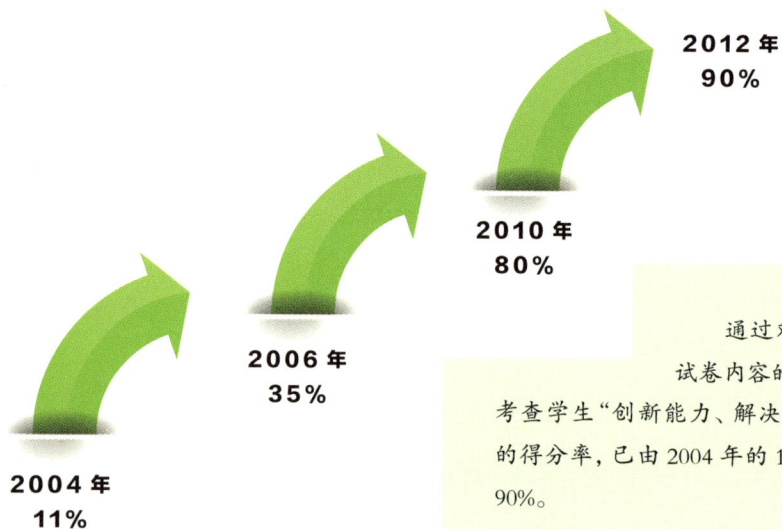

2012 年
90%

2010 年
80%

2006 年
35%

2004 年
11%

　　通过对近几年潍坊市中考试卷内容的统计分析看出，重点考查学生"创新能力、解决实际问题能力"题目的得分率，已由 2004 年的 11% 提高到 2012 年的 90%。

"台账"，形成"教育教学问题百问"，将这些问题下发给每位教师。

教师在教学实践中思考、分析、解决这些问题。对于特别疑难的问题采取项目组集体解决的办法。教师个人、教师小组或者教研组认领课题进行课题研究，最后形成解决问题的办法，形成书面文字。课程处组织专家组进行评定，设立"创新项目"奖，每学期一次，学期结束前进行，计入教师工作量，发放奖金。

在潍坊，行动研究已经成为老师们解决教育教学问题的重要方法之一，很多老师自觉加入到行动研究的行列，一个个问题被老师们破解，行动研究的理念深入人心。

新中考实行"等级表达"后，不仅学生之间的学习竞争被整体松绑，也让教师不必去"分分计较"，绞尽脑汁想怎样提高学生的名次。教师有了更从容的心态，真正研究学生，研究教材，研究课题，真正落实因材施教。不仅如此，当教师的分数焦虑降低了，教师的分数竞争化解了，教师的精神面貌也发生了变化，教师的幸福指数也在不断提升。

而综合素质评价的推出，促使教师从学生全面发展的角度出发进行教育教学，而不再是仅仅盯着分数不放。多次考试，学生多了成功的机会，教师少了对成绩的焦虑，从而可以放眼长远，更加从容地帮助学生进行学业水平考试的规划，使师生关系更加融洽。

优秀学生提前参与等级考后的自主研修，使学生学会了自我规划和自我担当。这也使教师更多地关注学生的终身发展，着力培养学生的自主学习能力，不仅对教师的教学指导能力提出了新的要求，更是提升了教师育人的全局意识。

因为评价方式变得更加缓和，家长也逐渐改变了急功近利的心态，不仅愿意给孩子更多自主的空间，也意外地给了教师更多的理解和支持，家校合育在中考改革后变得更加和谐而有效。

在新中考背景下，教师获得的不仅仅是课堂教学技能的进步，不仅仅是课堂教学智慧的提升，不仅仅是课堂转型的成功与精彩，更获得了对教书育人的全新理解，获得了对教育应然追求的回归，获得了职业幸福感的提升。

3 | 变化最大的是学校

随着新中考改革的不断深入，中考试题在内容和形式上发生了一系列的变化。考试评价决定了课程的开设，中考试题的变化也引导着初中课堂和学校生活发生了一系列的变化。学校开发了丰富多彩的校本课程，学校图书馆的每一本书都开始发光发热，学校的每个场馆和角落都开始变得生气勃勃……

课堂也不再是教师讲授和表演的舞台，而是学生自主学习、研究、交流的场所。潍坊十中在初中不同年级、不同学科通过反复对比试验，总结提炼的"自主·互助·学习型"课堂不胫而走，大家纷纷仿效，课堂教学的面貌为之一新。在新中考改革深化的过程中，在"自主·互助·学习型"课堂的基础上，又出现许多以名师个人命名的新课堂模式，但不变的是，"以讲为主"的"讲堂"已经被"以学为主"的"学堂"所取代。学生在课堂上独立自学，小组内交流互助，在全班讨论分享，成了教学的常态。课堂是学校的细胞，教学是学校的风景！当学生成为课堂的主角，质疑、讨论、分享、互助的清新之风从课堂飘逸而出，校园也变得充满活力。

全面推进的课程改革和课堂教学改革，减少了学生在教室的学习时间，增加了学生在操场活动、在实验室操作、在校外进行综合实践等的时间。开足、开全课程标准规定的课程成了各初中学校自觉的追求。在此基础上，不少学校主动拓展课程边界，建构有校本特色的课程体系，进一步引领和推动了课程改革，也形成了自己学校的办学特色。在学校课程变得更加丰富、课堂教学状态发生变化的情况下，即便学生在校学习时间没有改变，学生的心理感受却是：负担减轻了。在这样良好的教育生态环境下，全面提高教育教学质量也就有了强有力的保障。

课堂是学校的细胞，教学是学校的风景！

开足、开全课程标准规定的课程成了各初中学校自觉的追求。

链接

开全、开足课程成了学校的主动选择

2012 年 10 月下旬至 12 月中旬，潍坊市对所辖 17 个县（市）区和市直初中、小学共 63 处学校（其中城市和农村学校各占 50%）的音体美和理化生实验、大课间、体育活动一小时、小学的科学实验、综合实践活动（研究性学习、社区服务、社会实践）、校本与地方课程的开设情况进行了调查。

调查的结果是初中的课程全面落实率达到了 93.6%。其中大课间、体育活动课落实得最好：初中 98.0%，小学 98.0%。其次是初中的理化生实验达到 95.0%，小学的科学实验达到 93.9%。再是初中音体美达到 95.9%，小学达到 90.8%。落实不到 90% 的还是校本课程 / 地方课程：初中 84.7%，小学 83.2%；综合实践初中 88.0%，小学 88.1%。

初　中

| 98.0% | 95.0% | 95.9% | 84.7% | 88.0% |
| 大课间 / 体育活动 | 理化生实验 | 音体美 | 校本 / 地方课程 | 综合实践 |

小 学

| 98.0% | 93.9% | 90.8% | 83.2% | 88.1% |
| 大课间/体育活动 | 科学实验 | 音体美 | 校本/地方课程 | 综合实践 |

过去，高中学校对学生评价只看分数，因此初中学校也仅注重学生的学业发展。现在，高中学校对考生的评价，不仅关注学业，也关注综合素质，并且特别注重学生的个性特长发展。这对初中学校培养学生的方式方法产生了积极的引导。各初中学校纷纷结合自身特点，创设条件，为学生全面发展和个性发展搭建平台。

很多学校制订的学年工作计划，同过去相比有了很大变化。潍坊十中专门形成了"学生月常规活动"，对学生一个学期参加的活动做了具体的规定。高密市向阳中学的教学计划中，增加了"恢复校报校刊，还给学生展示才华的平台"、"鼓励学生参加上级组织的各种竞赛"、"积极挖掘身边的课程资源，发展学生特长"等内容。综合素质评价的导向，使初中校园出现了学生生动活泼地追求自身发展的局面。

从参与综合素质评价开始，家长走进了学校，参与学校管理与建设的方方面面工作。目前，各学校家委会、年级家委会、班级家委会不仅组织健全，而且建立了明晰的工作机制，他们驻校轮值、开发课程、参与组织学生综合实践活动、承担社团课程和特色课程的教学，甚至通过家长沙龙、家长论坛等方式带动家长队伍的提升。家委会成了学生发展的一支重要力量，"开放办学、家校合育"也让学校呈现出不一样的管理面貌和文化特质。

各初中学校纷纷结合自身特点，创设条件，为学生全面发展和个性发展搭建平台。

十余年中考改革为学生的学和教师的教松了绑，让学生的学习状态和教师的职业状态都发生了质变。而这种变化和学校的变化是三位一体、密不可分的，学校因师生的改变而改变。与此同时，中考改革也给了学校从中观、宏观层面重塑校园文化、理顺管理机制的契机与土壤，学校能够更安心、从容地按照教育规律办事，又进一步带来了师生的改变和学校整体办学水平的提升。

十余年的中考改革，改变了学生，改变了教师，也改变了学校。学校成为学生成长的摇篮，成为教师发展的乐园，在成就师生的同时，学校也获得了质的提升。这正是潍坊教育人孜孜以求的理想境界。

链接

家委会原来有这么多可干的事

2011 年 9 月，孩子小学毕业升入广文中学后，我报名参加了班级家委会。后来，经过竞选演说、家长代表投票，我当选为学校家委会会长。家委会能干啥？能干的事还真不少！

①驻校轮值参与学校管理

驻校轮值就是家长轮流到学校值班，协助教师的各项工作。驻校轮值为家长们提供了了解学校、合理表达诉求、参与学校管理的渠道。参与轮值的家长十分积极，有的家长为写好轮值报告，进行专项调查、查阅资料、实地走访调研。轮值报告每周末提交学校，学校办公会进行专题研究，家委会成员则根据议题参加会议。2012 年家委会提交了 41 份轮值报告，被学校采纳建议、意见 11 条。校长高兴地说："家委会成了学校发现问题的第三只眼睛，这些问题往往习以为常，而它们恰恰就是制约学校发展的地方。"

②亲历子女的学习生活

孩子在学校里有 70% 的时间是在课堂里度过的，孩子的感受，也多半来自班级。家委会为此提出了"孩子的课堂，我们的课堂"的理念，以班级家委会为主体，常态化开展"聚焦课堂，辅助成长"的家长进课堂行动。

如今，走进广文的每间教室，都会发现两三名家长在课堂里认真记着笔记；课间操场上，你也会发现有家长参与课间活动；早读课上，甚至能听到家长领着孩子诵读。家长们说：走进课堂，才真正了解了学校，了解了孩子。

③ 参与开发选修课程

由于家长从事不同的行业，有着不同的经历和专业特长，也就成了学校开发选修课程的重要资源。于是，家长参与了学校社团课程和特色课程开发，内容涉及金融、通信、军事、司法等，其中有多个模块通过了学校课程管委会的审查。家长们还亲自授课，让课程落地。家长上课普遍会讲故事、讲案例，贴近学生生活，实践性特别强，深得学生欢迎。期末时，由家长执教的"社交礼仪"、"重工机械课程"、"地球村英语"等获得了学校社团课、特色课优秀奖。

初试成功，让家长们有了自信。家委会主动请缨，担当学校综合实践活动课的组织者。我牵头组织了儿子所在年级的"白浪河湿地环保行"。之后，一个由学校教师开发课程、家委会组织实施的综合实践活动渐渐以各班家委会为单元开展起来。如今，每到周六周日，潍坊市博物馆、消防队、城市规划艺术馆、工厂、军营里，常常能看到身着广文校服的孩子们。

④ 家长沙龙分享教育心得

家长沙龙是家长自我成长的平台。一周一次，每次一个专题，周末进行，家长自愿参加。2012年家委会组织了61期家长沙龙，大家不仅分享教育心得，破解困惑，而且还萌生了不少活动创意。初一迎六一"告别童年，拥抱青春"主题班会、初二"激励"主题班会都是在家长沙龙上诞生的创意，并由家委会开发组织实施，如今这些已经成了学校的品牌课程。

——潍坊广文中学家委会会长　迟志芳

为什么是潍坊

顾明远先生考察潍坊教育

学生们在天文观测基地

　　1999 年，第三次全国教育工作会议，《中共中央国务院关于深化教育改革全面推进素质教育的决定》吹响了素质教育的号角；

　　2001 年，《国务院关于基础教育改革与发展的决定》提出"改革考试评价和招生选拔制度"，潍坊所辖的高密市，成为首批 38 个国家级课程改革实验区之一；

　　2002 年，《教育部关于积极推进中小学评价与考试制度改革的通知》为中考改革指明了方向；

　　2003 年，潍坊市所有初中、小学起始年级全部进入新课程改革；

　　2004 年，潍坊市进入新课程改革的年级逐渐面临中考；

　　……

　　2013 年 7 月 4 日，教育部部长袁贵仁专门听取潍坊市教育局关于中考改革的汇报。

　　一切都是新的，改革的指向都是前所未有的，没有成熟的经验可供借鉴。最先吃螃蟹的人，可能被认为勇气可嘉，但"蟹六跪而二螯"，也有可能被这只螃蟹搞得遍体鳞伤！

　　谁来吃这第一只"螃蟹"？

　　面面相觑中，潍坊教育人挺身而出！

1 | 是不为也，非不能也

　　国家新一轮课程改革自 2001 年在全国启动 38 个试验区，到今天十余年过去了，我们看到有的改革者或因经费拮据，或因意志力不足，或因群众反对……改革没有开始，或者开始了没有继续下去，甚至还有些地区走了"回头路"……

　　而潍坊，十余年的持续探索与发展，说明众多的理由都是却步改革的借口——是不为也，非不能也！

　　潍坊市地处山东半岛中部，下辖 4 区、6 个县级市、2 个县、4 个市属开发区，总面积约 1.58 万平方公里，2013 年常住人口 921.6 万人，共有各级各类中小学 1300 余所，在校生 100 余万人，其中每年初中毕业生约 12 万人，升入普通高中的约 6.5 万人。

　　潍坊是全国推行素质教育的老典型，先后被确定为"中国基础教育教学资源库建设实验区"、"国家级义务教育课改实验区"、"高中新课改试点市"。每一个荣誉的背后，都隐藏着潍坊推动义务教育课程改革的艰辛历程。2005 年 7 月，潍坊被教育部确定为全国中考改革试点市。

　　而在此之前，潍坊的中考改革其实早已悄然拉开了帷幕。

　　2001 年秋，潍坊所辖高密市被确定为"国家基础教育课程改革实验区"。为解决传统招生制度与新课程实施之间的矛盾，引导初中、小学全面落实新课程方案，促进学生自主、全面而有个性地发展，潍坊市教育局时任局长李希贵认为，必须加快中考改革，从而保障义务教育阶段课改的成果。于是，中考改革被提上了议事日程。

　　当时，全国没有任何经验可以借鉴，但潍坊市教育局乃至潍坊市政府都下了巨大决心，冒险走这条前途未卜的"破冰"之路。

　　他们根据《中共中央国务院关于深化教育改革全面推进素质教育的决定》和《国务

　　每一个荣誉的背后，都隐藏着潍坊推动义务教育课程改革的艰辛历程。

院关于基础教育改革与发展的决定》以及教育部《基础教育课程改革纲要（试行）》和《教育部关于积极推进中小学评价与考试制度改革的通知》精神，结合潍坊的课程改革实验的实际，在全面深入基层调查研究和总结反思中考经验教训的基础上，经过广泛征求一线教师的意见，拟定了潍坊市中考改革的初步方案，即《潍坊市初中学业水平考试（简称 WAT）实施意见》。

潍坊中考改革的深厚基础
·中国基础教育教学资源库建设实验区
·国家级义务教育课改实验区
·高中新课改试点市
·全国中考改革试点市

■ 改革方案的上下求索

每一项改革都必然涉及一部分人利益的调整。

中考改革涉及全市百万中小学生，几乎涉及每一个家庭。

潍坊市教育局很坚定，也很谨慎。早思考，早着手，早布局。

2002 年，他们就把方案报到了市长办公会。市长办公会进行了认真的研究，给予了改革最强大的行政支持。

有了政府的支持，潍坊市教育局还是"小心翼翼"，毕竟人民群众的满意才是改革真正的成功。

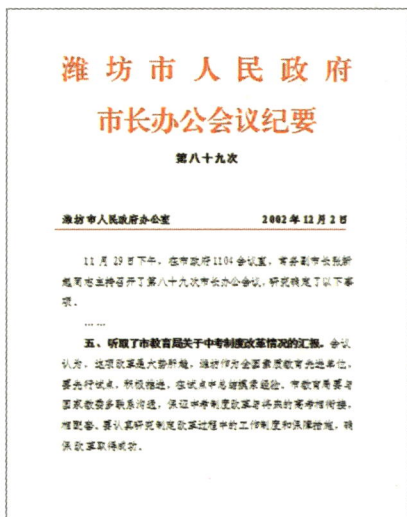

潍坊市人民政府
市长办公会议纪要
第八十九次

潍坊市人民政府办公室　　　2002 年 12 月 2 日

市长办公会听取教育局中考制度改革情况的汇报

潍坊晚报、潍坊日报、潍坊广播电视报、潍坊电视台等当地媒体相继播发中考改革的新闻，甚至是完整刊登改革方案，让广大人民群众了解改革、理解改革。

开通热线电话，接受咨询和质询……

潍坊人民是英明的，大家一致支持改革！

方案的专业性如何？

潍坊把方案报到了教育部基础教育司，向分管课程改革的朱慕菊副司长征求意见。朱司长专门拿出一个下午的时间，组织教育部基础教育课程教材发展中心评价处的专家，对方案进行了论证和研究，给予了很高的评价，同时也提出了一些具体的修改意见，比如评价等级过多的问题、命题技术的问题。

从北京回到潍坊后，潍坊市教育局又对方案做了深入的修改，并最终得到了教育部基础教育司的认可和肯定。

■ 拉开改革的大幕

有了事先的周密研究，有了市政府的高度支持，有了教育部的肯定，于是，潍坊教育人信心满满地开始了中考改革的"破冰"之旅，并历经上下求索的漫漫十年，走出了一条改革的大道。

2002 年 6 月	潍坊市出台《潍坊市初中学业水平考试及高中招生指导意见》。
2003 年 3 月	以文件形式印发了《潍坊市初中学业水平考试及高中招生录取指导意见（试行）》（潍教字〔2003〕11 号）、《潍坊市高中招生录取指导纲要（试行）》、《关于建立教师推荐诚信制度的实施意见》，建立健全了中考改革的系列配套制度。

2004 年

高密市率先试行"多次考试、综合评价、诚信推荐、自主录取、社会参与"为主要措施的中考改革方案。

2005 年

在全面总结高密市试点经验基础上，第二批进入课改实验的县市区成功实施了新的中考招生制度。

2006 年

全市 15 个县市区全部实行了新的中考招生制度改革。当年，实现了综合素质评价与招生录取"硬挂钩"，即综合素质等级与语、数、英三门学科等级等值对待；综合素质特别优秀的，可以破格录取。

2009—2012 年

专门组织人力对综合素质评价从评价内容到评价方式、方法做了全面深入的探索，不断改进，提高评价的科学性。

2013 年

潍坊市综合素质评价政策再次发生重大变化，将高中通过"标志性成果"重新认定初中评价结果的做法取消，将综合素质评价的权力全部归拢到初中学校。由初中来评价解决了过去学生为"标志性成果"而追求各种各样证书的"唯成果论"，还原了初中应有的自然的教育生态。

多年探索，新的中考制度日趋完善。新的中考招生制度解决了传统招生制度与新课程实施之间的矛盾，引导着初中、小学全面落实课程方案，促进了学生自主、全面而有个性的发展，赢得了社会和家长的普遍支持和拥护。

中考改革，犹如为长者折枝，为什么其他地方的职能部门不愿意在自身的职责范围之内去"成人之美"？问题发人深省，耐人寻味。

潍坊中考，历经十年，从高密试点到全面铺开，稳步推进的背后，是潍坊教育人强烈的责任心和历史的使命感。他们深知教育改革与个人生命成长密切相关，努力打造符合规律和适合学生发展的理想的区域教育。

这不仅需要智慧，更需要勇气！

今天，潍坊的中考改革依然在路上，他们依然在不断创新，不断完善着自己。

挟泰山以超北海，语人曰"我不能"，是诚不能也；为长者折枝，语人曰"我不能"，是不为也，非不能也。

——孟子

2 | 给种子发芽合适的土壤

生物学告诉我们，一粒种子要生根、发芽、茁壮成长，需要有合适的土壤条件。

潍坊的中考改革，有了一群有责任心的人，诞生了梦想的种子，自然也需要一片合适的教育改革的"土壤"，而且阳光、空气和水分皆要适宜……

■ 政府撑起改革的蓝天

对潍坊市教育局来说，中考改革绝对是一件大事，因为涉及全市百万中小学生。为此，他们成立了中考改革方案研究小组，查找资料，头脑风暴，向上请教到教育部，向下深入到基层学校和千家万户，出台的新中考方案几乎完全颠覆了旧中考的模式。

毕竟，这个方案涉及百万孩子的利益，触及万千家庭的神经，准备吃下中考改革这个"螃蟹"的潍坊市教育局虽然反复推敲方案，但还是感觉事情太过重大，不敢轻易下决定。几番斟酌之后，一个让市长办公会讨论研究的想法产生了。随后，一份关于提请市长办公会研究新中考方案的报告，送到了市政府。

接待教育局送件人员的领导有些困惑："一个中考方案还需要拿到市长办公会上来吗？以前好像从来没有过。"但教育局却不敢有丝毫马虎，这次中考改革是对过去传统模式的一场革命，伤筋动骨，牵一发而动全身，不可不慎重。

在他们惴惴不安时，市长已经坐下来，有关部门的主要领导也被一一请到市政府，一起认真地一句句解读方案，一条条斟酌研究……市长办公会很快便拍板认可了新中考方案。

一个地级市的市长办公会，专门讨论一份中小学考试改革方案，在其他地方比较罕见。但在潍坊，没有不可能，而且市政府也掂量出了改革的分量和潜在的需要解决的社会问题的复杂性，要求教育局做出全面的改革应对预案，并指令有关部门都要从自身职能出发，为潍坊新中考改革保驾护航。

有了市政府的支持，潍坊的中考改革及一系列教育改革，就如同获得了"火烧赤壁"的东风，一场中考改革的热火，从一开始就以一种不同寻常的姿态呈现在世人面前。

这是潍坊的幸事，是潍坊教育的幸事！

■ 打了一场中考改革的人民战争

只有政府的重视和支持还远远不够。任何一项改革只有得到人民群众的支持才能行得通。潍坊中考改革，能不能得到人民群众的响应，还是未知数。

时任潍坊市教育局局长的李希贵和分管基础教育的副局长张国华想出了一条反常规的宣传策略。

除了以红头文件下发到县市区教育行政部门和学校之外，对可能看不到红头文件的广大学生家长怎么办？

教育局盯上了当时潍坊发行量最大的报纸《潍坊广播电视报》，在上面开辟专版，详细解读新中考方案。凡是家里当年或次年有学生参加中考的，几乎都可以看到这个方案，研究这个方案。教育局也做好了相应的应急预案，开通数部热线电话，以回应家长的咨询、质疑甚至投诉。

然而，令人出乎意料的平静！一天、两天，一周、两周，没有电话，争议并没有随之而来。教育局不相信，针对家长群体进行了民意测验，结果是家长"满意"和"非常满意"的高达96.9%，学生"满意"和"非常满意"的也达到了92.3%。原来，校长、教师、家长、学生早已对过去的中考很有意见，对新改革方案普遍表示认可和赞同。

多年以后，已升任教育局局长的张国华回顾那段"惊心动魄"的岁月，曾经多次发出感慨："其实老百姓早就盼着这样改了，是我们教育主管部门自己太保守了，怕这怕那，瞻前顾后，结果矛盾和问题越积越多……不仅仅是中考，我们教育上的很多问题都是这样，如果主动出击，勇于改变，积极创新，大胆寻求制度层面的突破，事情可能完全是另一个样子。"

人民群众的支持可以说让潍坊的中考改革真正拥有了一片肥沃的土地。从此，潍坊教育的各项改革，一是最注重去研究人民群众的需求，二是基本上都得到了人民群众的支持，而且老百姓一旦有了疑问，他们就会通过教育系统的惠民服务热线咨询和反映情况，让潍坊教育改革的土壤上承阳光雨露，下通民意民气。

如此，潍坊中考改革有了更加坚实的舞台，潍坊教育人的教育智慧如涌泉般不断滋润着这片土地，潍坊教育改革的一个个行动在潍坊大地上畅行无阻。

■ 局长的担当

改革是有风险的，历史上不乏成在改革败也在改革的先例。

商鞅变法，让秦国迅速强大，然而商鞅并没有从中获得什么，最终还因为得罪了旧贵族而以悲剧谢幕。宋代王安石变法、近代康有为变法亦莫不如此。

但社会永远不乏变法者，变法者的失败不是失败在变法本身上，而是失败在旧势力的阻挠上。旧势力之所以阻挠，除了利益之争，就是改革者和当权者的决心不够坚强。

潍坊的中考改革，无论是李希贵，还是张国华，他们作为教育行政长官意志坚决，保证了改革的持续进行；他们的科学论证和分析，保证了改革的健康发展；他们的惠民意识，保证了改革符合大多数人的利益；他们的行政担当意识和魄力，不能不说是潍坊教育改革成功的重要因素。

李希贵从高密市教育掌门人能够跃升为潍坊市教育掌门人，首先就是因为他的教育专业性和对教育事业的执着。认识他的人都知道，他身为局长，却没有丝毫的衙门作风和长官意志，每个月到学校去调研、听课是他必做的课业，连以往教研室的教研员都做不到的事他做到了。他是一位研究型、专家型的局长。

张国华担任基教科长的时候就致力于规范基础教育办学行为，主张推进素质教育，早在20世纪末就主持制定并发布了潍坊市教育教学"十条规定"，曾在潍坊大地刮起了规范办学的旋风。

两位局长，十余年改革，前所未有的行政担当和魄力，使潍坊教育进入了一个科学规划、锐意改革的良性循环的发展轨道，中考改革的难题一个个得到有效破解，可谓是水到渠成。

■ 绿色的教育生态

中考改革的"潍坊土壤"还有一个重要因素，就是潍坊教育的传统。潍坊教育人从不甘落后，对于新事物，对理想的教育生态能不懈追求。潍坊教育人从行政领导到学校领导，从教科研人员到基层教师，都怀揣着一个教育梦想。这也是潍坊得天独厚的优势。

潍坊的领导善于发掘每个教育工作者的智慧，他们建立了"基于问题解决，致力创新共享"的工作推动机制，使广大教育工作者的创新愿望得到尊重，创造活力得到支持，创造才能得到发展，创造成果得到肯定，创造源泉得到涌流。

他们设立了"创新奖"、"金点子奖"，鼓励各个层次的教育工作者出主意、想办法，把面对的教育问题当作课题来研究，这是潍坊教育改革"土壤"的基本特质。

他们设立"燎原奖"，鼓励大家积极吸纳他人的研究成果，完善、发展自己的教育行动，提高改革成效，这是潍坊教育改革"土壤"的开放特质。

他们设立"政府成果奖"，将那些有独特见解、重大借鉴意义和成熟操作体系的成果，给予物质和精神两方面的奖励，这是对有贡献者的极大肯定。

潍坊，形成了人人研究教育，人人学习新理念，校校实现特色优质办学的良好教育生态。

潍坊的中考改革，有了一群有责任心的人，诞生了梦想的种子，自然也需要一片合适的教育改革的"土壤"。

■ 开放的姿态

潍坊是山东半岛蓝色经济区、环渤海经济区、黄河三角洲高效生态经济区三区重叠区域，具有得天独厚的区位优势和卓尔不群的开放姿态。

潍坊教育同样具有开放的特质。

陈至立、周济等领导来视察过潍坊教育；

刘延东、袁贵仁等领导听取过潍坊教育特别是中考改革的汇报；

中国教育学会名誉会长顾明远先生专程考察过潍坊教育；

中国许多知名教育家、学者来过潍坊，为潍坊教育建言献策；

多家教育新闻媒体的资深记者采访过潍坊教育……

潍坊教育欢迎所有的朋友，以开放的姿态虚心听取方方面面专家的意见和建议。在潍坊，就连一个小小的学科教研会上都不乏全国名师的身影，不管是上级教育科研部门的还是兄弟省市的名师，都有可能成为潍坊教育的座上宾……

全国各地的教育专家、名师，也喜欢潍坊，喜欢与潍坊人一起讨论教育改革，因为潍坊人的热情和真诚，赢得了大家的信赖。

潍坊不但善于把人请进来，他们也喜欢走出去，善于走出去，走到国外，吸收国际化的教育理念，拓宽教育国际化的视野。

潍坊教育的开放不仅表现在请进来、走出去，他们更敢于把自己的改革亮给群众看，让群众来评判来监督，敢于把自己的改革亮给所有的同行看，以开放的胸襟欢迎大家的意见和建议。

潍坊教育人有这样一种开放的心态和姿态，使潍坊教育改革如鱼得水，如有神助，不成功都难。

3 | 改到深处是制度

2010 年 10 月 17 日，《中国教育报》头版头条发表了《教育制度创新的"潍坊探索"》一文。文章特别指出，中考改革、校长职级制改革、课程课堂改革、教师聘任制改革……潍坊近十年来的每一项教育改革，都直指教育发展的热点、难点问题。从此，"改到深处是制度"成为潍坊教育改革的经典总结。

同样，在潍坊，中考改革不仅有保障改革成功的内部制度体系，更伴随着一系列相关联的制度创新和制度改革。这一系列制度创新和制度改革，与中考改革互相呼应，互相支持。在制度的保障下，改革才得以顺利推进。

中考改革意在保障和引领课程改革健康、深入发展，如果校长的课改意识不够强怎么办？如果校长并非是真正懂教育的人怎么办？于是，和中考改革"协同作战"的，还有一系列的配套改革。

"潍坊探索"登上《中国教育报》头版头条

校长职级制改革	早在 2005 年，潍坊就实施了校长职级制改革。一刀裁下去，935 名校长的行政级别一夜之间被取消，校长的档案从组织部门移交到教育部门。从此，那些想到学校混级别的行政干部就没戏了。而校长的任命权又归到了教育部门，那些没有真才实学，没有先进教育理念和办学能力的人想当校长自然就困难了。这些人，甚至连校长后备人才考选关都过不了。校长职级制改革确保了校长是懂教育的人，是研究教育的行家，是推进学校特色发展的能手。
教师职称评聘改革	教师职称评聘改革，又把职称评聘的权力交给了学校；教师 85% 通过率才能生效的硬性规定，实质上又把权力交给了教师。这样，教师的专业研究、班主任工作的提升等得到了优先保证，课程改革和素质教育的实施也就得到了教师的支持和基本的保证。
督学责任区制度	为规范办学和全面推进课程改革实施素质教育，潍坊全市被划分成若干责任区，由督学负责"点对点"指导。而裁判权和违规查处权则交给了由部分退休或退二线的"老教育"组成的"督导巡视团"，"第三方组织"的介入有效防止了查处过程中的"大事化小，小事化了"的情况，保障了督导成效。
教育惠民服务制度	2008 年 5 月 5 日，整合潍坊市教育局 8 个科室和 2 个直属单位职能、资源的潍坊市教育惠民服务中心正式成立。该中心设立了校企合作、社会培训、家庭教育、出国留学、校友资源开发、咨询投诉和学生资助管理 7 个分中心，为学生、家长及社会提供服务，所有有关教育诉求的事情，可以一站式服务到位。
育人为本和立德树人十二项基本制度	为充分保障学生权益和素质发展，潍坊又系统制定了包括师德考核制度、家长学校制度、困难学生应助尽助制度在内的十二项基本制度。

潍坊教育人注重配套的改革，体现了他们周密考虑、顶层设计的眼光与意识。

中考改革牵一发而动全身，不可能单兵突进、独善其身，没有这些配套的改革，一本好经书也会被坏和尚念歪。潍坊教育人注重配套的改革，体现了他们周密考虑、顶层设计的眼光与意识。

在潍坊，在教育内部，有一系列成套的相互配合、相互制约的教育制度，这个制度体系从教育各个方面对教育工作人员的行为做出限制和规范，也为教育改革撑起了一片自由的天空。

中考改革这个难点、焦点问题之所以能够顺利突破，无疑受益于潍坊有一个好的制度体系和良好的制度环境。

> 管教育、办教育必须要从制度上保障落实群众的知情权、参与权和监督权，否则广大教育工作者不可能有行动上的自觉，更不会用心用力出思路、干事业。
>
> ——时任潍坊市教育局局长　张国华

链接

以改革创新推动教育发展

中国教育学会名誉会长　顾明远

《国家中长期教育改革和发展规划纲要（2010—2020 年）》指出，要把改革创新作为教育发展的动力，并且提出要建立健全充满活力的教育体制。建立这样的体制，就不仅要求教育内部要协调发展，而且要和其他领域改革相配套，与社会主义市场经济体制和全面建设小康社会目标相适应。

从政府的角度来说，就是要优先发展教育，保证经济社会发展规划优先安排教育发展、财政资金优先保障教育投入、公共资源优先满足教育和人力资源开发需要。

从教育内部来讲，要更新教育观念，重构创新人才培养模式，全面实施素质教育，促进人的全面发展。

这样的改革与创新，绝不是在短时间里可以一蹴而就的，更不可能依靠哪一个单项改革来完成。它必须兼具眼光、胆识与魄力，必须具有改革的整体意识和对教育全局的洞察，持之以恒，坚持不懈，不求一时功名，方能彰显成效。

山东省潍坊市的教育改革与创新就是有全局的意识、攻坚的胆识和魄力。他们以科学发展观为指导，在创新人才培养体制、改革质量评价和考试招生制度，改革教学内容、方法与手段，建设现代学校制度，转变政府教育管理职能等重要领域和关键环节先行先试，为加快解决经济社会发展对高质量多样化人才需要与教育培养能力不足的矛盾、人民群众期盼良好教育与资源相对短缺的矛盾、增强教育活力与体制机制约束的矛盾提供了鲜活的宝贵经验。

教育要发展，根本靠改革。用改革的办法解决发展中的问题，靠制度的创新化解发展中的矛盾。这是潍坊教育改革创新、走向持续发展的关键。

纵观潍坊市 10 多年教育改革路径，不难发现，他们的每一项改革，都是真正从群众的根本利益和诉求出发，真正体现了以人为本，敢于碰触教育普遍存在又难以突破的棘手问题，敢于蹚教育改革的深水区，并且采取了"从群众中来，到群众中去"的"上下联动、整体推进"策略，使改革具有根本性、长远性、实效性和可行性，从而得到群众的真心拥护和支持。正因为他们具有大胆改革创新、敢为人先的改革意识，才有今天潍坊教育的辉煌。更难能可贵的是，这 10 多年间，潍坊的教育领导换了几任，但不变的是这种持之以恒的改革创新精神。潍坊教育改革的精神和经验值得认真总结和加以推广。

尾声

2013 年，潍坊中考改革十周年。潍坊市向教育部袁贵仁部长做了汇报，袁部长对潍坊市的中考改革给予了肯定并指示认真总结潍坊经验。教育部基础教育二司、教育部基础教育课程教材发展中心全面调研潍坊，拟以潍坊经验为蓝本出台全国中考改革指导性文件……潍坊的中考改革究竟是基于一种什么样的理念？对潍坊的改革我们又会产生什么样的思考？

■ 让中考闪耀人性的光辉

潍坊的中考改革，处处可以看到对学生的关怀和对人性的解放。

他们对命题的研究意在还原课堂的自然生态，让学生从知识点学习的机械重复训练中解放出来，有更多的精力用来研究和交流，让创新的火花和学习的快乐改变学生原有的沉闷的校园生活。他们实施两考合一，解决学生疲于应试的奔波状态。他们实施多次考试，一次考不好还有第二次，让学生拥有更多的机会，心理压力大幅度减轻。等级表达，解决了"唯分数论"的难题，让学生从"分分必争"的紧张状态中解放出

来，让学习生活更加从容。多元录取，让有特殊才能的学生有了"绿色通道"，从制度的层面给予了特殊学生群体不一样的发展机会……实际上，潍坊中考制度的核心就是解放人、发展人。

潍坊中考还有一个重大改革就是把综合素质评价纳入中考，并将其等级与语文、数学、英语等级等值对待。这就把学生综合素质评价与中考招生录取实现了"硬挂钩"，将传统中考不考虑的道德、创新、合作、健康、审美等内容纳入了评价之中，这是一个创举。这无疑较好地解决了中小学长期以来普遍存在的重智轻德、重视学科知识忽视综合素质培养以及课业负担过重和校园生活单一等一系列问题，为中小学全面推进素质教育打开了一条通道。

潍坊中考改革的成功，首先是坚持以人为本、科学发展的结果，是对国家教育方针尊重并全面落实的结果。

■ 砍断阻挠改革的利益链

在中国有很多改革，呼声很高，就是不见落地，在追究原因到一定程度时人

们往往会说，是体制问题。体制问题是什么问题？是自己无能为力了吗？说无能为力有推脱责任之嫌。体制问题的实质就是利益问题，利益问题的核心是舍弃还是占有。

人们都知道"司马光砸缸"的故事，司马光所砸的"缸"，其实就可以看成人们头脑中的一种固化思维。这个故事给我们的启示就是，改革要想取得成功，必须要有突破既有体制的勇气和魄力。

原来的高中招生是由教育行政部门一手操作，哪个学生分到哪个高中都是自己说了算。一方面，因为教育行政权力高度集中，改革的动力就很难从内部产生。甚至，集中的权力本身变成了改革的阻力。另一方面，高度集中的权力，也为权力寻租开启了方便之门，方便了为部分有特殊要求的人开绿灯，而这，也是老百姓特别反感的。潍坊中考改革之所以成功，很重要的一条就是他们下大决心自己剥夺了自己的权力，把高中招生的权力下放给各高中学校！

高中自主招生，是潍坊中考改革的体制性变革，由此改变了权力结构，斩断了利益链条。可能有人要问，把权力下放不就是利益的转移吗？说是也是，这是把高中招生权力与学校特色发展的利益挂起钩来了；说不是也不是，给予高中学校的是提升其自我发展的权力，并没有给他们开绿灯、送人情的权力，因为教育行政部门放弃自己招生权力的时候，并没有放弃自己的监督权，只是把原来自己既是裁判员又是运动员的双重身份进行了变革，让高中学校去做运动员，自己专做裁判员。这样的裁判员才有时间、有精力为运动员制定"游戏规则"，并有能力去监督规则的落实与否。

说到底，任何一项改革所面临的困难其实都是利益链的问题，舍不舍得放弃一部分权力和利益不仅仅是勇气，更是魄力和智慧。

潍坊能够如此，潍坊改革所以成功。

■ "游刃"必须做到"有余"

《庄子》中有一个"庖丁解牛"的故事，形容庖丁的解牛技艺是"恢恢乎其于游刃必有余地矣"。庖丁之所以如此，主要是他经过多年的实践掌握了牛的肌理和骨骼，能够做到"刀刃者无厚，以无厚入有间"。这给我们的启示是，只有掌握事物的规律，才能把事情做完善、完美。

潍坊的中考改革，历经十年探索，其中不乏随时间的推移而不断改进的地方，更有因人民群众的呼声而有所改变的地方。这就是潍坊中考改革既尊重教育规律又顺应民意的高明之处，正因此，潍坊的中考改革气势恢宏，却又波澜不惊，深得人民群众拥护。

有了对规律的探索，有了为人民群众服务的思想，有了一切为了学生发展的宗旨，潍坊的中考改革才形成了从考试内容改革到考试制度改革，从综合素质评价改革到招生录取改革的整体架构和模式，从全局去考虑，从整体去建构，让潍坊中考改革浑然一体。这绝不是零敲碎打的改革，而是从一开始就有系统的、前瞻的改革顶层设计。

唯有如此，潍坊中考改革才符合广大学生及家长的利益。

唯有如此，潍坊中考改革之"锋"才游刃有余，所向披靡！

后 记

《潍坊教育解密丛书》终于要付梓了！

这是潍坊教育改革者们十多年探索的智慧结晶，也是教育部基础教育课程教材发展中心、潍坊市教育局、当代教育家研究院、当代教育家杂志社等多家单位通力合作的成果。这部丛书，不仅凝结着教育改革者的智慧，而且凝聚着方方面面的教育理想主义者共同的努力、探索、希望和情怀。

一个人可以走得很快，一群人可以走得很远。这一部丛书，就是一群人走向远方的一个个脚印。我们不敢自诩走了多远，但我们希望自己的脚印是沙漠中通向绿洲的路标，是黑夜里预示黎明的灯盏，是后来者继续攀登教育高峰的台阶。正因此，我们愿意将一个区域的探索全景式、图文式毫无保留地呈现在您的面前，接受您的审阅和指正。

本丛书的撰写历时两年，在此过程中，教育部基础教育课程教材发展中心始终给予高端的专业指导和价值引领，潍坊市教育局始终及时、准确地提供各类丰富的资料和素材，当代教育家研究院则对丛书的文字与结构进行了全面的梳理和提炼，教育科学出版社为全书最终的呈现形式提供了专业的意见并将之出版。

下面这些同志，分别参与了各分册的编写工作：

《潍坊九问——破解潍坊教育密码》：李振村、朱文君、陈金铭、宗守泳、吴松超、王清林。

《引领百万学生健康成长——新中考改革解读》：曹红旗、杜晓敏、魏延阁、陈启德、刘敏英、李元昌、王树青、孟祥池、张莘莘。

《走在专家办学路上——校长职级制改革解读》：胡筱芹、焦天民、井光进、史祥华、徐媛媛、单既玉、沈万柱、刘仕永、王宝刚、郝建强。

《用课程改变教育——潍坊新课程改革解读》：侯宗凯、崔秀梅、李秀伟、于宏、孙俊勇、姚来祥、王金星、高源、孙云霄。

《教育服务新形态——教育惠民服务中心解读》：郭治平、马全铭、韩金绶、王清林、赵徽、郑明星、童双梅、金琰、魏建欣、解世国、刘天铎、李善峰、于起超、陈昕、李晓丽。

《为教育前行保驾护航——教育督导制度创新解读》：韩光福、王新、马廷福、高彦霞、刘健、魏延阁、贾玉德、李静、武际成、李志伟。

没有这些同志的团结协作，就没有这部丛书的问世。

每一本书从它完稿的那一刻开始，就有了自己的命运，它将与一个个事先不曾谋面的您相遇。

这部丛书，一共六本，就像我们悉心养育的女儿，如今将要与您见面，我们有一份"画眉深浅入时无"的忐忑，更有一份和您"一见倾心"的期待。六本书，环肥燕瘦，相信总有一本能够让您思想上有些许触动。而思想是行动的先导，如果因这小小的触动引发您进一步的实践探索，那么，这部丛书漫长的孕育过程也就有了特别的价值。

出 版 人　所广一
项目统筹　刘 灿　欧阳国焰
责任编辑　欧阳国焰　刘 灿
版式设计　壹原视觉　黄佳菁　吕 娟
责任校对　贾静芳
责任印制　叶小峰

图书在版编目（CIP）数据

引领百万学生健康成长：新中考改革解读 / 教育部
基础教育课程教材发展中心编 . —北京：教育科学出版
社，2015.9
（潍坊教育解密丛书 / 田慧生主编）
ISBN 978-7-5041-9851-8

Ⅰ . ①引… Ⅱ . ①教… Ⅲ . ①中考—教育改革—研究
Ⅳ . ① G642.474

中国版本图书馆 CIP 数据核字（2015）第 217984 号

潍坊教育解密丛书
引领百万学生健康成长——新中考改革解读
YINLING BAIWAN XUESHENG JIANKANG CHENGZHANG —— XIN ZHONGKAO GAIGE JIEDU

出版发行	教育科学出版社		
社　　址	北京·朝阳区安慧北里安园甲 9 号	市场部电话	010-64989009
邮　　编	100101	编辑部电话	010-64989527
传　　真	010-64891796	网　　址	http://www.esph.com.cn
经　　销	各地新华书店		
制　　作	壹原视觉		
印　　刷	保定市中画美凯印刷有限公司		
开　　本	210 毫米 ×270 毫米　16 开	印　　次	2015 年 9 月第 1 次
印　　张	9.75	版　　次	2015 年 9 月第 1 版印刷
字　　数	149 千	定　　价	35.00 元

如有印装质量问题，请到所购图书销售部门联系调换。